Ligurische Küste
Genua, Cinque Terre

Georg Henke · Christoph Hennig

▶ Dieses Symbol im Buch verweist auf den großen Faltplan!

DUMONT
direkt

Benvenuti – Willkommen

Unterwegs an der ligurischen Küste

Die ligurische Küste 15 x direkt erleben

Benvenuti – Willkommen
Unser heimliches Wahrzeichen

Vernazza, auf einem Felsen kühn ins Meer gebaut, besticht mit mediterraner Idylle aus dem Bilderbuch. Bunt getünchte Häuser drängen sich am kleinen Hafen, wo die Boote auf den Wellen schaukeln und eine mittelalterliche Kirche die stets vom Stimmengesumm erfüllte kleine Piazza am Meer bewacht. Herrliche Wanderpfade führen in die steilen Weinterrassen über dem Ort, wo sich spektakuläre Ausblicke eröffnen.

Die Hauptstadt Genua

Die **Metropole Liguriens** (▶ G 3) zeigt überall pulsierendes Großstadtleben. Die große Altstadt ist atmosphärisch fast ein Stück Orient. In der Via Garibaldi erinnern prachtvolle Palazzi an den einstigen Reichtum der stolzen See- und Handelsrepublik. Auch Kirchen, Museen und Kunstschätze machen Genua interessant. Der mittelalterliche Dom San Lorenzo ist der religiöse Mittelpunkt der Stadt. Der Porto Antico, der alte Hafen, verwandelte sich in eine Freizeitmeile mit modernen Bauten, wie dem Acquario, dem größten Meerwasserzoo Italiens. Genua ist aber vor allem eine lebendige Alltagsstadt mit typisch italienischem Flair. Ein Streifzug durch das teilweise autofreie Zentrum führt zu lebendigen Märkten, historischen Cafés und gemütlichen Trattorien.

Riviera delle Palme

Westlich von Genua beginnt die Palmenriviera mit ihren beschaulichen Badeorten. Bis **Savona** (▶ E 4) drängen sich die Berge des Parco del Beigua an die Küste. Bei **Finale Ligure** und **Noli** (beide ▶ E 4) fällt das Küstengebirge mit steilen Felsflanken zum Meer hin ab. Beide Orte besitzen gute Strände und hübsche Altstadtzentren. Das Hinterland des Finalese, eine trockene Kalksteinlandschaft, ist lohnendes Ziel für Wanderer, Mountainbiker und Freeclimber.

Zwischen **Finale Ligure** (▶ E 4) und **Diano Marina** (▶ C/D 6) findet man viele gute Strände, das an einer weiten Bucht gelegene **Alassio** (▶ D 5) ist der wichtigste Badeort Liguriens. Am Küstensaum dominiert serielle Ferienarchitektur. Sehenswert sind die intakten Altstadtzentren von **Albenga** (▶ D 5) und **Cervo** (▶ D 6). Das einsame Hinterland mit seinen kompakt gebauten alten Bergdörfern bietet schöne Impressionen abseits des Badetrubels.

Riviera dei Fiori

In **Imperia** (▶ C 6) kann man die Altstadt Porto Maurizio erforschen oder am Hafen von Oneglia die Fischküche genießen. Abstecher in die Täler um **Dolcedo** (▶ C 6) führen in das Reich des Ölbaums, der hier an steilen Hängen kultiviert wird.

Westlich von Imperia ist die durchgängig städtische Bebauung der Küste wenig attraktiv. Bei **Taggia** (▶ C 6) mit seinem historischen Ortskern leitet das wild-romantische Argentina-Tal zum alten Bergdorf **Triora** (▶ B 5) am Monte Saccarello (2200 m).

San Remo (▶ B 6) bietet keine herausragenden Sehenswürdigkeiten. Die enge Altstadt La Pigna, lebendige Einkaufsgassen und Nobelvillen des 19. Jh. lohnen jedoch einen Aufenthalt. Über das vornehm-ruhige **Bordighera** (▶ B 6/7) erreicht man die Grenz- und Marktstadt **Ventimiglia** (▶ A 6). Sehenswert sind hier die mittelalterliche Altstadt und die exotischen Gärten der Villa Hanbury. Erkundungstouren durch die **Flusstäler von Nervia** und **Roia** (▶ A/B 6) führen in unberührte Bergwelten der Ligurischen Alpen.

Riviera di Levante – von Camogli bis Levanto

Südlich von Genua bietet der kleine Hafen- und Badeort **Camogli** (▶ H 4) mit seinen bunten Häuserfronten Ligurien aus dem Bilderbuch. Der Ort ist Ausgangspunkt für Wanderungen und Bootsausflüge zur nicht durch Straßen erschlossenen **Halbinsel von Portofino** mit dem einsam am Meer gelegenen Kloster **San Fruttuoso.** Der Küstenpfad von Camogli über San Fruttuoso nach Portofino begeistert jeden passionierten Wanderer. Weiter südlich geht der vornehme Ferienort **Santa Margherita Ligure** nahtlos in das alltäglichere **Rapallo** (▶ alle H 4) über. Von beiden Orten erreicht man leicht das ebenso mondäne wie pittoreske **Portofino** (▶ H 4), Refugium der Reichen, Mächtigen und Schönen.

Auf dem Weg nach Süden lohnt die wenig besuchte Altstadt von **Chiavari** (▶ J 4) mit ihren Märkten, Cafés und Laubengängen einen Zwischenstopp. Auch die Kleinstadt **Sestri Levante** (▶ J 4) besitzt noch ein hübsches altes Viertel um die Baia del Silenzio, wo sich bunte Häuserzeilen im Meer spiegeln. Südlich von Sestri Levante beginnt unverbaute Steilküste. Hübsche Kleinstädte an geschützten Buchten wie **Mone-**

glia (▶ K 4) oder **Levanto** (▶ K 5) sind gute Standorte für beschauliche Bade- und Wanderferien.

Cinque Terre und Golf von La Spezia

Die landschaftlich unversehrte Steilküste der Cinque Terre zieht Natur- und Wanderfreunde aus aller Welt in ihren Bann. Sie ist zum meistbesuchten Touristenziel Liguriens geworden. Uralte Pfade hoch über dem Meer verbinden fünf pittoreske Dörfer. **Monterosso** besitzt den besten Strand, **Vernazza** ist besonders fotogen, aber auch **Corniglia, Manarola** (▶ alle K 5) und **Riomaggiore** (▶ L 5) wirken mit ihren farbigen Häusern höchst pittoresk.

Um **La Spezia** (▶ L 5) bestimmen Werften und Fabriken das Bild, doch die quirlige Hafenstadt besitzt interessante Museen. Der sich nach Süden öffnende Golfo dei Poeti bietet intakte Naturlandschaft am Meer. Das malerische **Portovenere** zählt zu den schönsten Plätzen Liguriens; der Burgort **Lerici** und das winzige **Tellaro** (▶ alle L 5) zeigen Postkartenidylle mit Riviera-Flair.

Chiavari mit seinen bunten Marktständen lohnt den Zwischenstopp

Schlaglichter und Impressionen

Baden, Wandern und Kultur

An der Riviera nahm der Tourismus seinen Anfang. Ihre landschaftliche Schönheit, das milde Klima und die subtropische Vegetation zogen schon im 19. Jh. Angehörige der Oberschichten an, die sich den Luxus eines Aufenthalts im Süden leisten konnten. Aus England, Deutschland und Russland flohen sie vor winterlicher Kälte an die milden Küsten von Nizza, San Remo und Bordighera.

Heute kommt die Mehrzahl der Riviera-Reisenden im Sommer zum Strandurlaub. Immer beliebter wird Ligurien aber auch als Ziel von Wanderferien. Vor allem das Vorgebirge von Portofino, die Cinque Terre und das gebirgige Hinterland der Riviera di Ponente bieten sich dafür an. Auch die kulturellen Reize sind nicht zu unterschätzen. In Genua finden sich bedeutende Kunstwerke und interessante Museen und viele andere Orte locken mit gut erhaltenen alten Stadtzentren, romanischen und gotischen Kirchen oder mittelalterlichen Burgen.

Viel Landschaft, ein wenig Kunst, sonniges *dolce vita* mit Strand, nicht zu vergessen die kulinarischen Genüsse, und das alles immer im Anblick des Meeres und der Berge – diese Kombination macht den Reiz der Riviera aus.

Zwischen Meer und Bergen

Die italienische Riviera zeigt viele Gesichter, doch alle sind sie vom Meer und den Bergen geprägt. Die steilen Hänge der Seealpen und des Apennin drängen dicht an die Küste. Fast überall wirken die Ufer abwechslungsreich. Mal steigen terrassierte Weinberge und Öl-baumhaine direkt am Wasser an, so in den Cinque Terre, an anderen Stellen stürzen schroffe Felsen ins Meer. Und selbst in Genua steigen grüne Höhenzüge unmittelbar hinter den Häuserschluchten auf. Weiter westlich, an der Riviera di Ponente, öffnen sich von Öl-baumhügeln umgebene Schwemmlandebenen zur Küste. Hier liegen breite, seit Langem beliebte Sandstrände wie in Alassio und Finale Ligure. Nur wenige Kilometer liegen zwischen dem Trubel der Bade- und Küstenorte und der Stille der alten Bergdörfer des Hinterlands.

Land ohne Winter

Das angenehm milde Klima bildet einen besonderen Anziehungspunkt. Die parallel zur Küste verlaufenden Bergketten von Alpen und Apennin schützen vor Nord- und Ostwinden, außerdem sorgt die ausgleichende Wirkung des Meeres für milde Winter. Es gibt kaum Frosttage, die durchschnittlichen Temperaturen im Januar liegen bei 8 bis 10 °C, etwa so hoch wie am Golf von Neapel. Das ganze Jahr ist Blütezeit, schon im Februar erstrahlt das Land im Glanz gelb leuchtender Mimosen. Wenig später kommen die Obstbäume hinzu, dann Orchideen und Anemonen, Ginster und Mohn, Zistrosen und Myrten. Zahlreiche exotische Gewächse sind an der Riviera heimisch geworden: außer Orangen, Zitronen und Palmen auch Feigenkakteen und Agaven, Bougainvillea und Kakibäume. Für Pflanzenfreunde ist die Gegend äußerst spannend, zumal sich die Flora in den unterschiedlichen Höhenlagen artenreich verändert. Über der Küste erheben sich Mittelgebirge mit Oliventerrassen, Eichen- und Kastanienwäldern, darüber gelangt man in Hochgebirgszonen mit Nadelwäldern, kargen Bergwiesen und Gebirgsblumen.

Pulsierendes Zentrum Genua

Genua bildet das wirtschaftliche und kulturelle Zentrum der Region. Hier wohnen etwa 630 000 Menschen, rund 40 % der Gesamtbevölkerung Liguriens. Die lebhafte Großstadt schafft eine faszinierende Verbindung der Gegensätze: Edel restaurierte Barockpaläste erheben sich in verwinkelten Altstadtgassen, bröckelnde Fassaden rahmen elegante Geschäfte, vornehme Cafés stehen an chaotischen Straßenmärkten. Einst eine der reichsten Städte Italiens, hat Genua unter dem Niedergang der Schwerindustrie und des Schiffbaus wirtschaftlich gelitten. Heute profiliert sich die Stadt neu als Dienstleistungszentrum. Der alte Hafen wurde zu einem Messe- und Freizeitgelände ausgebaut, das hier 1992 eröffnete Acquario – der größte Meerwasserzoo Europas – hat sich zu einer der beliebtesten Touristenattraktionen Italiens entwickelt. Auch die Spuren vergangener Größe sind in Genua noch sichtbar. Aus der mittelalterlichen Blütezeit blieben der Dom San Lorenzo und viele romanische Kirchen erhalten. In der Via Garibaldi stehen die prunkvollen Palazzi der genuesischen Bankiers, die bis ins 18. Jh. zu den reichsten Kaufleuten Europas zählten.

Lebhafte Städte, idyllische Dörfer

Auch zahlreiche andere ligurische Städte haben interessante historische Zentren. In Albenga prägen mittelalterliche

Der lange Sandstrand Varigottis zählt zu den besten Badeplätzen der ligurischen Riviera

Frisch zubereitet schmeckt's am besten – Pesto

Geschlechtertürme das Bild, Ventimiglia und Noli zeigen uralte enge Gassen, Sestri Levante liegt eindrucksvoll auf einer Halbinsel, in Chiavari säumen Laubengänge die Straßen des Zentrums. Besonders schön sind zudem die vielen kleinen Dörfer, deren bunt gestrichene Häuser sich malerisch in Meeresbuchten drängen oder von Anhöhen übers Land blicken. Portofino und die Orte der Cinque Terre – vor allem das malerische Vernazza – zieren die Titel von Italien-Bildbänden. Daneben gibt es weniger bekannte und trotzdem sehenswerte Orte wie Dolceacqua, Pigna und Triora im Hinterland der Blumenriviera, das direkt über dem Meer gelegene Cervo, Castelvecchio und Zuccarello in den Tälern von Albenga, Portovenere und Tellaro am Golf von La Spezia.

In diesen idyllischen Dörfern hat man oft das Gefühl, in einer anderen Epoche anzukommen – in der Zeit der Fischer, Bauern und Winzer. Doch dieser Eindruck täuscht. Die Landwirtschaft spielt in Ligurien keine große Rolle mehr, meist wird sie nur noch im Nebenerwerb betrieben. Etwa zwei Drittel der Ligurer arbeitet heute an der Küste im Dienstleistungsbereich, knapp ein Fünftel in der Industrie. Die Riviera ist kein ›rückständiges‹ oder ›altmodisches‹ Gebiet. Nur wenige Menschen blieben in den abgelegenen Bergregionen zurück, die deswegen umso einsamer wirken. Sie sind aber nicht mehr repräsentativ für den Lebensstil der Einheimischen.

Kulinarische Genüsse

Dennoch bleiben viele Traditionen bewahrt. Das gilt vor allem auch für die kulinarischen Genüsse. Zwar werden in manchen Restaurants der Küstenorte die Touristen lieblos abgespeist. An den richtigen Adressen findet man aber überall auch die schmackhaften Gerichte der regionaltypischen Küche. Ihre Grundlagen sind Olivenöl, Kräuter und Gemüse. Am bekanntesten ist der *pesto,* eine Soße aus Basilikum, Knoblauch, Olivenöl, Pinienkernen und Parmesan, die zu Nudelgerichten gereicht wird. Vielleicht noch besser: die köstliche Walnuss-Soße, die meist mit gefüllten Teigwaren (wie *ravioli* und *tortelli*) serviert wird. Dazu kommen Fischgerichte, Kaninchen mit Wein und Oliven, im Herbst Steinpilze und viele andere Köstlichkeiten.

An der italienischen Riviera wird viel Fisch gegessen – sollte man meinen. Aber dies nahe liegende Vorurteil ist falsch. Fisch war für die einfachen Leute schon immer teuer, und heute liefern die ligurischen Gewässer zu geringe Erträge, um die Nachfrage zu decken. Die Konsequenz: Der größere Teil der in den Restaurants angebotenen Meerestiere stammt aus anderen Regionen oder Zuchtanlagen.

Aber die ligurische Küche ist traditionell ohnehin ebenso sehr Land- wie Seeküche. Die Gemüsegärten, Ölbaumhaine und Kräuterbeete der Region geben alles her, was man für schmackhafte Gerichte braucht. Wenn frische Zutaten sorgfältig verarbeitet werden, kommen dann köstliche Speisen auf den Tisch. Diese ligurische Küche wartet zwar nur ausnahmsweise mit den raffinierten Verfeinerungen des benachbarten Piemont auf, aber auch sie kann kulinarische Hochgenüsse bieten.

Daten und Fakten

Lage und Größe: Ligurien grenzt an Frankreich und die Regionen Piemont, Emilia-Romagna und Toscana. Es besteht aus ca. 250 km Küste am Fuße von Alpen und Apennin. Die Region gliedert sich in die Riviera di Ponente (Genua bis zur französischen Grenze) und die Riviera di Levante (Genua bis zur Toskana). 97 % Liguriens sind Hügelland oder Gebirge. Höchste Erhebung ist mit 2200 m der Monte Saccarello. Mit 5418 km² nimmt Ligurien nur 1,8 % der Gesamtfläche Italiens ein.
Bevölkerung: Ligurien hat rund 1,6 Mio. Bewohner (3 % der Gesamtbevölkerung Italiens). Gut 80 % leben in den Küstenstädten. Die Bevölkerungsdichte ist mit 300 Einw./km² hoch, im Hinterland jedoch niedrig (nur ca. 7 Einw./km² um Triora). Die Geburtenrate liegt unter dem Landesdurchschnitt, 25 % der Bewohner sind über 65 Jahre alt. Die größten Städte sind Genua (630 000 Einw.), La Spezia (95 000 Einw.), Savona (62 000 Einw.), San Remo (57 000 Einw.) und Imperia (40 000 Einw.).
Verwaltung und Politik: Ligurien ist eine von 20 italienischen Regionen, die in etwa den deutschen Bundesländern entsprechen. Die Regionalregierung wird seit 2009 von einer Mitte-Links-Koalition gebildet.
Wirtschaft: Die um Genua, La Spezia und Savona konzentrierte Industrie (Stahl, Schiffbau, Chemie) bietet nur noch ca. 18 % der Berufstätigen Arbeit, während es im Dienstleistungssektor 67 % sind. Das Bruttosozialprodukt entspricht mit rund 25 000 € pro Kopf dem italienischen Durchschnitt.
Tourismus: Jährlich reisen rund 3 Mio. Touristen an die italienische Riviera. Von den ca. 1,2 Mio. Reisenden aus dem Ausland sind 35 % Deutsche, 10 % Schweizer, 8 % Amerikaner und 6 % Briten.

Geschichte, Gegenwart, Zukunft

Vor- und Frühgeschichte

Ligurien gehört zu den ältesten Siedlungsgebieten Europas. Bereits um 200 000 v. Chr. lebten in den Höhlen der Balzi Rossi bei Ventimiglia Menschen der Vorzeit. Knochen- und Werkzeuge aus der Steinzeit hat man u. a. in den Grotten des Finalese gefunden. Ab ca. 1200 besiedelten ligurische Stämme die Seealpen und die Riviera di Ponente. Ihre Sprache und Religion zeigten keltische Einflüsse.

Die Römer

Nach langen Kriegen waren um 180 v. Chr. alle ligurischen Stämme von Rom unterworfen. Die neuen Herrscher bauten Städte (Ventimiglia, Albenga) und Küstenstraßen (Via Aurelia, Via Julia Augusta). In Ventimiglia und Luni bei Sarzana haben sich römische Ruinen erhalten, insgesamt sind die Überreste aus dieser Epoche jedoch spärlich.

Völkerwanderungszeit

Im Jahr 537 gelangte Ligurien unter die Herrschaft von Byzanz. Um 640 eroberte der germanische Stamm der Langobarden die Region, die im 9. Jh. nominell den deutschen Kaisern unterstand. Häufige Überfälle von Piraten und Sarazenen machten das Gebiet unsicher. Die Bevölkerung zog sich in höher gelegene Orte zurück.

Seerepublik Genua

Im 11. Jh. wurde Genua zur bestimmenden Macht der Region. Durch die Beteiligung am Ersten Kreuzzug 1099 erhielt die Stadt starken Einfluss im östlichen Mittelmeerraum und entwickelte sich zu einer der bedeutendsten Handelsmächte Europas. Als unabhängige Seerepublik konkurrierte sie mit Pisa und Venedig. Auch Ventimiglia, Porto Maurizio, Albenga, Noli und Savona agierten zeitweise als selbstständige Stadtrepubliken. Im 12. Jh. schloss Genua Handelsbündnisse mit Byzanz und den christlichen und muslimischen Herrschern Spaniens und errichtete Handelskolonien u. a. in Tortosa, Almeria, Konstantinopel und in der Ägäis. Die Seerepublik Pisa konnte 1284 entscheidend besiegt werden, im östlichen Mittelmeer blieb jedoch Venedig eine starke Konkurrentin.

Die Eroberung Konstantinopels durch die Osmanen (1453) und die Entdeckung des Seewegs nach Amerika durch den in Genua geborenen Christoph Kolumbus (1492) führten zu einer Verlagerung der internationalen Handelsströme. Die wirtschaftliche Position Genuas und ganz Liguriens wurde entscheidend geschwächt.

Finanzzentrum Genua

Mit der Ernennung des genuesischen Flottenkapitäns Andrea Doria zum Admiral der spanischen Armada (1528) begann eine neue Blüteperiode der Stadt. Die Banken Genuas finanzierten die spanischen Kaiser und andere Fürstenhäuser Europas. Die Stadt, in der schon 1407 mit der Casa di San Giorgio eine der ersten Banken der Welt entstanden war, widmete sich erfolgreich dem Kredit- und Finanzwesen. Genuesische Wertpapiere zirkulierten in ganz Europa. Ab Mitte des 15. Jh. entwickelte sich Genua zu einer der reichsten Städte des Kontinents. Der Geldadel baute sich prachtvolle Wohnpaläste.

Aufbruch in die Moderne

Der Einmarsch der Armee Napoleons beendete 1797 die jahrhundertelange Selbstständigkeit Genuas. Ligurien gelangte vorübergehend unter französische Herrschaft. Ab 1815 war die Region Teil des von Turin aus regierten Königreichs Piemont-Savoyen. 1861 wurde Ligurien in den neuen italienischen Einheitsstaat eingegliedert, wobei die ehemals savoyischen Gebiete um Nizza an Frankreich fielen. Mitte des 19. Jh. wurde die Riviera zur ersten Tourismusregion Europas. Angehörige der britischen, russischen und deutschen Oberschicht überwinterten an der Küste. Mit dem Bau der Eisenbahnlinie von La Spezia nach Ventimiglia nahm die Bedeutung des Tourismus weiter zu. Gleichzeitig wurden Genua und andere Hafenstädte (La Spezia, Savona, Oneglia) zu wichtigen Industriestandorten (Stahl, Schiffbau, Lebensmittelproduktion). Im westlichen Ligurien stellte sich die Landwirtschaft mit Erfolg vom Anbau von Zitrusfrüchten auf die Blumenzucht um.

Gegenwart und Ausblick

Ab 1960 wurde der boomende Badetourismus vor allem an der Riviera di Ponente zu einem immer wichtigeren Wirtschaftszweig. Die Bedeutung der Landwirtschaft ging hingegen stark zurück, in den Berggebieten setzte eine massive Landflucht ein und die alte Bauernkultur löste sich auf. Ab etwa 1970 verlor auch die um die Städte Genua, La Spezia und Savona konzentrierte Industrie an Bedeutung, Stahlwerke und Großwerften schlossen ihre Tore. Abseits der Touristenzentren, insbesondere im Zentrum Genuas, zeigten sich Zeichen des Verfalls. Wie überall wurden die Zentren der ersten Industrialisierungsepoche in den Zeiten von Elektronik und Digitalisierung zu Problemzonen, wie überall versuchte man hier, die Umwandlung in eine Dienstleistungsgesellschaft zu forcieren. In Ligurien zeigen sich erste Erfolge, die besonders in Genua erkennbar sind, wo der alte Industriehafen in ein prosperierendes Messe- und Freizeitzentrum umgestaltet wurde.

Nach Jahren des Verfalls wieder auf Kurs – die Altstadt Genuas

An der Riviera gibt es ein breites Angebot an Hotels und Privatunterkünften. Viele der auf den Badetourismus eingestellten Häuser sind allerdings recht anonym. In diesem Buch werden, wo immer möglich, Unterkünfte mit besonderer Note oder gutem Preis-Leistungs-Verhältnis vorgestellt.

Hotels

In Bordighera, San Remo oder Santa Margherita Ligure sind vornehme ›Palasthotels‹ stolz auf ihre lange Tradition, die Preise sind meist unerschwinglich. Es gibt aber auch viele gute und bezahlbare Häuser der Mittelklasse. Und auch in der unteren Kategorie findet man immer wieder gepflegte, familiär geführte Unterkünfte (s. Internet S. 21).

Ferienwohnungen

Schöne Ferienhäuser und -wohnungen liegen eher im Hinterland als an der Küste – mit Ausnahme der Cinque Terre, wo die meisten Besucher nicht in Hotels, sondern in Ferienwohnungen unterkommen. Anbieter in Ligurien: Sommerfrische/La Villeggiatura, Trautenwolfstr. 6, 80802 München, Tel. 089 38 88 92 90, www.sommerfrische.it.

Bed & Breakfast

Die privaten Bed & Breakfast, oft angenehme kleine Unterkünfte, sind eine preiswertere Alternative zu den Hotels. Man findet sie in den Unterkunftsverzeichnissen, im Internet unter www.bed-and-breakfast-italien.com.

Agriturismo

Vor allem im Hinterland gibt es Landwirtschaftsbetriebe, die Ferien auf dem Bauernhof ermöglichen – fast immer in renovierten Wohnungen in Nebengebäuden. Adressen bei: Agriturist, Corso Vittorio Emanuele II, I-00186 Roma, Tel. 066 85 23 37, www.agriturist.it, www.agriturismo.it.

Camping

Campingplätze sind häufig an der Riviera di Ponente, vergleichsweise dünn gesät an der Riviera di Levante, in den Cinque Terre fehlen sie ganz. Im Juli und August sind sie meist übervoll! Informationen: www.camping.it, www.campeggi.com, www.campeggi.it.

Jugendherbergen

Jugendherbergen existieren in Finale Ligure, Savona, Genua, Levanto, Manarola und Biassa bei La Spezia. Sie sind gut geführt und schön gelegen. Die Übernachtungspreise im Mehrbettzimmer liegen zwischen 14 € und 20 €. Meist gibt es auch einfache Doppelzimmer.

Reservieren

Eine Vorbuchung empfiehlt sich unbedingt in den Osterferien, vom 25. April bis zum 1. Mai und im Hochsommer (Juli/Aug.). »Tutto completo« melden beliebte Ausflugsziele oft auch an sonnigen Frühjahrs- und Herbstwochenenden. Im Umkreis von Genua sind die Hotels außerdem während der Bootsmesse (zweite Oktoberwoche) langfristig ausgebucht.

Preisniveau

Ein Doppelzimmer in einem guten Mittelklassehotel kostet 100 bis 150 € (mit Frühstück). Günstiger, 55–70 €, sind Doppelzimmer in einfachen Häusern. Einzelzimmer kosten meist etwa ein Drittel weniger. Insbesondere in den Badeorten schwanken die Preise saisonal beträchtlich. Von Mitte Juni bis Mitte September liegen sie höher, am höchsten um Ostern und im August.

Standorte

… für den Badeurlaub

Die meisten guten Sandstrände hat die Palmenriviera. Wegen flacher Ufer eignen sie sich gut für Kinder. Alassio ist ein quirliger, großer Badeort mit breitem Hotel- und Unterhaltungsangebot. Diano Marina hat als Ort keine besonderen Reize, besitzt aber einen guten Strand. Finale Ligure verbindet gute Bademöglichkeiten mit schöner Umgebung. Wer einen kleineren Badeort bevorzugt, geht am besten nach Laigueglia, Varigotti oder Noli. An der Riviera di Levante ist die Auswahl kleiner: Für Badeferien eignen sich Sestri Levante, Moneglia, Levanto und Monterosso.

… für Naturfreunde und Wanderer

Direkt am Meer bieten nur noch die Küste südlich von Sestri Levante, die Cinque Terre, die Portofino-Halbinsel und der Golf von La Spezia intakte Naturlandschaften. Für einen Wanderurlaub sind die Orte der Cinque Terre sowie ihre nicht ganz so überlaufene nähere Umgebung (Levanto, Bonassola, Moneglia) als Standquartier am besten geeignet. An der dicht bebauten Riviera di Ponente lohnt es sich, im Hinterland auf Entdeckungstouren zu gehen. Gute Standorte dafür sind Finale Ligure und das hübsche Triora am Rand der Ligurischen Alpen.

… für Besichtigungen

Als Standort hierfür eignet sich besonders Sestri Levante an der Riviera di Levante. Von hier sind alle interessanten Orte zwischen Genua und La Spezia schnell erreichbar. An der Riviera di Ponente lassen sich Besichtigungstouren besonders gut von Ventimiglia, Bordighera oder San Remo aus unternehmen. Hier lockt nicht nur das interessante Hinterland, sondern auch die nahe französische Riviera zwischen Menton und Nizza.

Fotogener Blick vom Hotel in Camogli auf die Kirche Santa Maria Assunta

Die Mahlzeiten

Das Frühstück ist in Italien traditionell sehr einfach. Man gibt sich am Morgen mit einem *espresso* oder *cappuccino* und einem Hörnchen zufrieden. Dementsprechend fällt vor allem in den unteren Kategorien das Hotelfrühstück oft kärglich aus. Drei- und Vier-Sterne-Hotels bieten jedoch zunehmend ein reichhaltiges Frühstücksbuffet an.

Das Mittagessen wird allgemein zwischen 12.30 und 14.30 Uhr serviert, das Abendessen von etwa 19 bis etwa 22 Uhr. Mittags und abends entfaltet sich die italienische Esskultur in aller Fülle. Man nimmt sich Zeit zum Genuss und bestellt mehrere Gänge. Ein komplettes Menü besteht aus Vorspeise *(antipasto)*, erstem Gang *(primo:* Teigwaren, Risotto oder Suppe), Hauptgericht *(secondo)* und Dessert *(dolce)*. Beilagen *(contorni)* werden in der Regel gesondert bestellt.

Verschiedene Lokale

Zwischen *trattoria* und *ristorante* gibt es keinen großen Unterschied. Die Trattoria war früher das einfachere Lokal, heute aber nutzen auch gehobene Häuser den Namen, weil er so schön rustikal klingt. Eine *osteria* ist eine Weinstube mit begrenztem Angebot an Speisen. Auch in der *enoteca,* der Weinhandlung, werden manchmal kleine Gerichte serviert.

Regionaltypisch ist die *focacceria*, wo man das ligurische Gegenstück zur süditalienischen Pizza erhält: ein Hefeteig-Fladenbrot, das z. B. mit Zwiebeln oder Käse zubereitet wird. Viele *focaccerie* bieten auch die regionaltypische *farinata* an, einen Pfannkuchen aus Kichererbsenmehl.

Die *bar* ist eine Institution im italienischen Alltag. Man bekommt hier nicht nur alle möglichen Arten des *caffè,* vom *espresso* über den *macchiato* (mit Milch) und den *corretto* (mit einem Schuss Alkohol) bis zum *cappuccino,* sondern auch viele andere Getränke, außerdem *panini* (belegte Brote) und *tramezzini* (kleine Sandwiches). Ein belegtes Brot bekommt man auch in fast jedem Lebensmittelladen *(alimentari)* zubereitet.

Der gute Ton

In Restaurants und auch in einfacheren Lokalen lässt man sich einen Platz zuweisen. In manchen Lokalen wird es ungern gesehen, wenn Gäste sich nur mit einem Teller Nudeln und einem Salat begnügen. Aber man ist nicht verpflichtet, sich durch das ganze Menü ›durchzuarbeiten‹ – die Kombinationen Vorspeise/Nudelgericht oder Hauptgang/Nachspeise ist inzwischen auch unter Italienern üblich.

Vor allem in einfacheren Lokalen wird das aktuelle Angebot an Speisen mündlich angesagt. Fragt man nach *la lista* oder *il menu* bekommt man meist, aber nicht immer die Karte.

Preisniveau

Ein Drei-Gänge-Menü (Nudeln, Hauptgericht/Beilage, Dessert) ist in günstigen Lokalen an der Küste für 24 bis 29 €, im Hinterland für 18 bis 23 € zu haben. Für ein Feinschmeckermenü gibt man in Spitzenrestaurants 50 bis 80 € aus. Dazu kommen die Getränke: Wasser ist preiswert, die günstigste Flasche Wein kostet zwischen 8 und 15 €. Offener Wein *(vino sfuso, vino della casa)* ist oft sehr preiswert, aber nicht immer erhältlich.

Über die Qualität sagt das Preisniveau nicht viel aus. Man kann in einfachen Lokalen eine ganz hervorragende Küche bekommen und in der mittleren bis gehobenen Kategorie mäßig essen. Vor allem in den Badeorten ist die Qualität oft den hohen Preisen nicht angemessen. Im Durchschnitt isst man besser in größeren Städten und in den Trattorien des Hinterlands, wo das einheimische Stammpublikum stärker vertreten ist.

Bezahlen

Brot und Gedeck *(pane e coperto)* werden in den meisten Restaurants mit einem Festpreis (etwa 2 €) in Rechnung gestellt, unabhängig davon, wie viel der Gast verzehrt. Bedienungsgeld *(servizio)* wird manchmal extra berechnet, dies muss dann aber auf der Speisekarte angegeben sein. Bei Fischgerichten wird der Preis auf den Speisekarten meist pro 100 g (= 1 etto) angegeben, die gesamte Portion kostet also das Drei-bis Fünffache!

Zum Bezahlen ruft man die Bedienung mit »Il conto per favore«. Unmut erregen manchmal ausländische Gästegruppen, die auf akribisch getrennte Abrechnung bestehen.

Trinkgeld

Trinkgeld ist in Restaurants – sofern nicht ohnehin *servizio* berechnet wird – nicht unerlässlich, vor allem in einfachen Lokalen auch immer weniger üblich. Wer dennoch etwas geben will, hinterlässt 5 bis 8 % des Rechnungsbetrags. Aufrunden ist nicht üblich, das Geld bleibt beim Weggehen einfach auf dem Tisch liegen. Mit Mini-Beträgen (unter 0,50 €) macht man einen kleinlichen Eindruck. Es ist ›vornehmer‹, gar nichts zu geben, als ganz geringe Summen zurückzulassen!

Wo auch Einheimische essen, ist die Qualität meist gut

Anreise

Mit dem Flugzeug

Vom **Flughafen Cristoforo Colombo** erreicht man mit dem Linienbus *(volabus)* in 20 Min. das Stadtzentrum von **Genua.** Direkte Linienflüge gibt es nur ab München (Air Dolomiti). **Informationen:** Tel. 01 06 01 51, www.airport. genova.it.

Die Riviera di Levante ist auch über den **Flughafen Galileo Galilei Pisa** erreichbar. Er liegt zentrumsnah mit Zuganschluss zum Hauptbahnhof. Von dort erreicht man die Cinque Terre in ca. 1 Std. 30 Min. Nach Pisa fliegen Lufthansa (ab München) sowie die Billigfluglinien Easyjet, Ryanair, Tuifly und Air Berlin. **Informationen:** Tel. 050 84 91 11, www.pisa-airport.com.

An die Riviera di Ponente gelangt man auch über den **Flughafen Nizza** (Bus zum Zentrum ca. 30 Min., von dort stdl. Zuganschluss nach Ventimiglia). **Direktflüge** nach Nizza bieten: Lufthansa ab Düsseldorf, Frankfurt, Hamburg, München, Austrian Airlines ab Wien, Swiss ab Zürich, außerdem mehrere Billigflieger (Easyjet, Germanwings, Tuifly, Air Berlin). **Informationen:** Tel. 00 33 489 88 98 28, www.nice.aero port.fr.

Mit der Bahn

Bei der Anreise durch die Schweiz nach Mailand muss man immer in Basel, Bern oder Zürich umsteigen. Zwischen Mailand und Genua fährt etwa stdl. ein Intercity (1,5 Std., ca. 18 €) oder Regionalzug (2 Std., ca. 10 €). Der Intercity ab Mailand fährt über Genua hinaus nach Rapallo/Chiavari/Sestri Levante/ Monterosso/La Spezia oder Finale Ligure/Alassio/Imperia/San Remo/Ventimiglia. Die Fahrzeit Frankfurt–Genua beträgt 10 bis 11 Std. Von München nach Genua muss man in Verona und Mailand umsteigen. Nach La Spezia/Monterosso gibt es ab München einmal täglich eine Verbindung mit Umstieg in Bologna.

Die Bahnanreise verbilligt sich beträchtlich, wenn man bis Mailand oder Bologna das Europa-Spezialangebot der Deutschen Bahn nutzt und für die Reststrecke eine italienische Fahrkarte nachkauft (frühzeitig buchen! Kosten von jedem deutschen Ort nach Genua und zurück 100–160 €).

Informationen: www.bahn.de, Tel. 118 61; www.trenitalia.com.

Mit dem Auto

Aus Südwestdeutschland und der Schweiz führt die Autobahn über den Gotthard via Mailand nach Genua (ab Basel 500 km), aus Bayern die Autobahn über Brenner, Verona, Brescia, Piacenza bis Genua (ab München 700 km). Die Riviera di Levante südlich von Sestri Levante erreicht man besser über Brenner, Modena, Parma, La Spezia (München–La Spezia 670 km).

Die Schweiz und Österreich verlangen Transitgebühren: Schweiz 33 € für die ein Jahr gültige Autobahnvignette; Österreich Autobahnvignette zu 8 € für 10 Tage, 23,40 € für 2 Monate, 77,80 € für ein Jahr. Gebührenpflichtig sind auch die Brenner-Autobahn und die italienischen Autobahnen (für Pkw ca. 6 Cent/km, in Ligurien bis zu 10 Cent/km!).

Autoreisezüge verkehren saisonal von Berlin-Wannsee, Hamburg-Altona,

Düsseldorf und Frankfurt Neu-Isenburg nach Alessandria (70 km nordwestlich von Genua).

Informationen: Tel. 018 06 99 66 33, www.dbautozug.de.

Einreisebestimmungen

Ausweispapiere: Für Deutsche, Österreicher und Schweizer genügt ein gültiger Personalausweis oder Reisepass. Auch Kinder benötigen eigene Reisedokumente (Kinderreisepass, Kinderausweis). Autofahrer benötigen außerdem den nationalen Führerschein und den Kfz-Schein. Die Mitnahme der internationalen grünen Versicherungskarte ist empfehlenswert.

Ein- und Ausfuhr: EU-Bürger brauchen Waren für den Eigenbedarf nicht zu verzollen. Schweizer Staatsbürger dürfen maximal 200 Zigaretten, 2 l Bier oder Wein und 1 l Spirituosen pro Person zollfrei ein- und ausführen.

Feiertage

1. Jan.: Capodanno (Neujahr)
6. Jan.: Epifania (Dreikönigstag)
Ostermontag (Lunedi di Pasqua/Pasquetta)
25. April: Liberazione (Tag der Befreiung vom Faschismus)
1. Mai: Festa del Lavoro (Tag der Arbeit)
2. Juni: Unità d'Italia (Nationalfeiertag)
15. Aug.: Ferragosto (Mariä Himmelfahrt)
1. Nov.: Ognissanti (Allerheiligen)
8. Dez.: Immacolata Concezione (Mariä Empfängnis)
25. Dez.: Natale (Weihnachten)
26. Dez.: Santo Stefano (Stephanstag)
Christi Himmelfahrt, Fronleichnam und Pfingstmontag sind normale Arbeitstage.

Feste und Festivals

Festa dei Saraceni: zwei Tage um den 15. Febr. in Taggia. Das Fest erinnert an die Abwehr eines Sarazenenüberfalls vor fast 1000 Jahren. Höhepunkte sind ein Feuerwerk und ein Umzug in historischen Kostümen.

Festival della Canzone Italiana: wechselnder Zeitpunkt im Febr. Das berühmte Schlagerfestival von San Remo zieht jährlich Tausende von Besuchern an.

Sagra del pesce: 2. Maiwochenende in Camogli. Auf die ›größten Pfanne der Welt‹ – sie hat 4 m Durchmesser und wurde eigens für dieses Fest konstruiert – brutzeln riesige Fischportionen, die dann kostenlos verteilt werden.

Infiorate: So nach Fronleichnam, u. a. in Imperia, Diano Marina, Levanto. Die *Infiorate*, Blumenfeste, werden zu Fronleichnam in vielen Orten gefeiert. Kunstvolle Blütenteppiche werden auf den Straßen und Plätzen ausgelegt und bestaunt.

Battaglie dei fiori: im Juni in Ventimiglia und San Remo. Die ›Blumenschlachten‹ der beiden Städte im äußersten Westen der ligurischen Küste feiern die Hauptblütezeit der Riviera dei Fiori.

Festa della Madonna di Montallegro: 1.–3. Juli in Rapallo. Das Madonnenfest erinnert an eine Marienerscheinung im 17. Jh. in den Hügeln oberhalb der Stadt. Höhepunkt ist ein großes Abschlussfeuerwerk über dem Meer.

Festa della Madonna dell'Orto: 2. Juli in Chiavari. Gleichzeitig mit dem Nachbarort Rapallo feiert das Städtchen Chiavari sein Marienfest mit Prozession und Feuerwerk.

Festa di Santa Maria Maddalena del Bosco: 3. So im Juli in Taggia. Ein eindrucksvoller Bestandteil dieses Festes ist die Aufführung eines mittelalterlichen Totentanzes, der vermutlich noch auf vorchristliche Kulthandlungen zurückgeht.

Festa di San Giacomo: 25. Juli in Levanto. Hunderte von kleinen Flammen beleuchten an diesem Tag die Bucht von Levanto, Fahnenschwinger treten auf und in einer berühmten Prozession tragen Büßer die schweren Holzfiguren der *cristi*.

Jazz- und Bluesfestival: 2. Julihälfte in San Remo. In der Hauptsaison bietet sich hier die Gelegenheit, bekannte Musiker live zu hören.

Palio del Golfo: 1. So im Aug. in La Spezia. Höhepunkt des Festes sind eine Regatta und ein aufwendiges Feuerwerk.

Festa della Torta dei Fieschi: 14. Aug. in Lavagna. Eines der originellsten Feste der Region: Zur Erinnerung an eine Grafenhochzeit des Jahres 1240 wird eine 1300 kg schwere Torte in 14 000 Portionen geschnitten und unter den Besuchern verteilt. Historische Umzüge, Musik und Feuerwerk umrahmen die Kuchenspende.

Ferragosto: 15. Aug. Mariä Himmelfahrt wird in vielen Orten mit Prozessionen und Straßenfesten gefeiert. Der Feiertag stellt traditionell den Höhepunkt der Sommerferien dar.

Agosto Medievale: 1. Augusthälfte in Ventimiglia, www.enteagostomedievale.it. Die gesamte Stadt nimmt für eine Woche mittelalterliches Gepräge an. Zahlreiche Einheimische beteiligen sich in historischen Kostümen an Ritterspielen, Paraden und Prozessionen.

Regata dei Rioni: 2. So im Sept. in Noli. Das Fest erinnert an die Gründung der unabhängigen Stadtrepublik Noli im Jahr 1193. Die verschiedenen Stadtteile wetteifern u. a. in einer Ruderregatta miteinander.

Festa di San Venerio: 13. Sept. in Portovenere. Die Bootsprozession nach Tino im Golf von La Spezia bietet die einzige Gelegenheit, auf die sonst für Besucher unzugängliche Insel zu gelangen.

Gesundheit

Pflichtversicherte aus Deutschland und Österreich erhalten von ihrer Krankenkasse eine Europäische Versicherungskarte. Sie wird von allen staatlichen Krankenhäusern und den Kassenärzten akzeptiert, bei Letzteren allerdings nicht immer problemlos. Ohne diese Karte muss man Arztrechnungen vorab begleichen und sich später von der Krankenkasse erstatten lassen. Alternativ bietet sich eine private Auslandskrankenversicherung an. Allerdings muss man auch in diesem Fall die Behandlungskosten vorstrecken.

Adressen deutschsprachiger Ärzte erfährt man über die Konsulate (s. S. 23).

Notfallversorgung: In Notfällen wendet man sich an die Erste-Hilfe-Station der Krankenhäuser *(Pronto Soccorso)* oder den diensthabenden Notarzt *(Guardia Medica)*. Die Behandlung ist im Allgemeinen kostenfrei.

Informationsquellen

Staatliche italienische Touristeninformation (ENIT)
www.enit.de, www.enit.at, www.enit.ch

In Deutschland, Österreich und der Schweiz
D-60325 Frankfurt/Main
Barckhausstr. 10, Tel. 069 23 74 34, frankfurt@enit.it
A-1060 Wien
Mariahilfer St. 1b, Tel. 01 505 16 39, vienna@enit.it

CH-8001 Zürich
Uraniastr. 32, Tel. 043 466 40 40,
zurich@enit.it

Touristeninformation in Ligurien

Zuständig sind die örtlichen Fremdenverkehrsämter; Adressen in »Unterwegs in Ligurien« ab S. 30.

Im Internet

www.turismoinliguria.it: ausführliches Informationsportal zu touristischen Themen (Unterkünfte, Essen und Trinken, Ausflugstipps usw.); nur italienisch.

www.rivieradeifiori.org: touristische Informationsseite der Provinz Imperia zur Blumenriviera; z. T. auch deutsch.

www.turismo.provincia.savona.it: touristische Informationsseite der Provinz Savona zur Palmenriviera; z. T. auch deutsch.

www.visitgenoa.it: zahlreiche praktische Hinweise und viel Wissenswertes zur Hauptstadt Liguriens; auch deutsch.

www.turismoprovincia.laspezia.it: touristische Informationsseite der Provinz La Spezia; z. T. deutsch.

www.5terre.de: Die private Seite gibt fundierte Insidertipps und Hintergrundinformationen zum Wanderparadies der Cinque Terre.

Kinder

Bambini willkommen

Reisen mit Kindern in Italien ist eine widersprüchliche Erfahrung: Einerseits sind die Italiener sehr kinderlieb, die *bambini* werden überall freundlich behandelt und vor allem Kleinkinder rufen oft die Begeisterung selbst wildfremder Menschen hervor. Andererseits gibt es wenig spezielle Einrichtungen für Kinder, z. B. keine besonders guten Spielplätze und kaum interessante Angebote für Familien auf Reisen.

Unterkunft

Mit mehreren und kleineren Kindern kommt man am besten in Ferienhäusern und -wohnungen unter, wo man sich freier bewegt und meist auch weniger bezahlt als im Hotel. Mit Kindern essen zu gehen, ist kein Problem. Niemand beschwert sich, wenn die Kleinen etwas lauter werden oder im Lokal herumlaufen – solange sie nicht den Kellnern zwischen die Beine geraten.

Unternehmungen

Unbedingt besuchenswert sind die Attraktionen am **alten Hafen** von **Genua:** der Meerwasser-Zoo, das Piratenschiff Galeone Neptune, die Kinderstadt Città dei Bambini, das neue Meeresmuseum (s. S. 37). In der **Tropfsteinhöhle von Toirano** bei Albenga findet man noch Bärenknochen und Spuren von Steinzeitmenschen (s. S. 61). Im Sommer starten von Imperia, Finale Ligure oder Genua **Schiffstouren** zur Beobachtung von Walen und Delfinen.

Der größte ›Spielplatz‹ der italienischen Riviera ist jedoch unzweifelhaft der Strand. Für Kinder am besten geeignet sind die breiten, seichten Sandstrände der Riviera di Ponente zwischen Finale Ligure und Laigueglia.

Klima und Reisezeit

Die italienische Riviera kann man das ganze Jahr über bereisen. Die Winter sind mild, oft scheint die Sonne. Selbst im Januar liegen die durchschnittlichen Tageshöchstwerte an der Küste noch über 10 °C. Ähnlich warmes Klima findet man in Italien erst viel weiter südlich am Golf von Neapel!

Reiseinfos von A bis Z

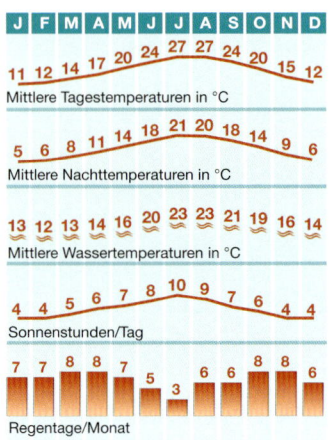

Klimatabelle Genua

Bereits im Februar blühen zahlreiche Bäume und Blumen. Ab Mitte März kann es schon warm werden; allerdings gibt es im Frühjahr immer wieder auch relativ kühle und regnerische Tage. Die schönste Blütezeit liegt im Mai und Juni. Ab Mitte Mai kann man problemlos baden. Der Hochsommer ist sonnig, aber nicht extrem heiß (Tageshöchsttemperaturen im August rund 28 °C). Im August herrscht an den Stränden meist Massenbetrieb. September und Oktober bringen oft angenehmes spätsommerliches Wetter.

Öffnungszeiten

Geschäfte: Die Öffnungszeiten variieren je nach Jahreszeit und Branche. Als Faustregel gilt: Mo–Sa 9–12.30 und 16.30–19 Uhr, wobei viele Läden Mo vormittags geschlossen bleiben. Kleine Lebensmittelgeschäfte sind häufig auch So vormittags geöffnet.
Restaurants: 12/12.30–14/14.30 und 19/19.30–21.30/22 Uhr.

Banken: Mo–Fr 8.30–13.15 und 14.45–15.45 Uhr.
Postämter: in der Regel 8.30–13 Uhr, die Hauptpostämter sind auch nachmittags geöffnet.
Museen: vielfach montags sowie am 1. Jan., Ostersonntag, 25. April, 1. Mai und 15. Aug. geschlossen.

Rauchen

Konsequentes Rauchverbot herrscht in allen allgemein zugänglichen Räumlichkeiten (Restaurants, Bars, Busse, Ämter).

Reisen mit Handicap

Terre di Mare
Palazzo Verde, Via del Molo 65, 16128 Genova, Tel. 33 91 30 92 49, www.ter redimare.it, Do/Fr 9–13, Sa/So 9–16 Uhr.
Die Organisation in Genua gibt ausführliche Reiseinformationen speziell für Behinderte.

Sport und Aktivitäten

Baden
An der meist flachen Riviera di Ponente zwischen Ventimiglia und Genua findet man viele breite Strände. Zwischen Ventimiglia und San Remo sind es meist Kiesstrände, weiter nordöstlich an der Palmenriviera gibt es ausgedehnte Sandstrände, die z. B. Diano Marina, Laigueglia, Alassio und Finale Ligure zu beliebten Badeorten gemacht haben. Im Hochsommer herrscht hier Massenbetrieb. Noch weiter nordöstlich bieten auch Noli, Spotorno, Albisola, Celle Ligure und Varazze gute Sand- und Kiesstrände.

Sicherheit und Notfälle

Vor allem in Genua werden manchmal Autos aufgebrochen. Stellen Sie Ihren Wagen auf einem bewachten Parkplatz ab und lassen Sie nichts sichtbar im Wagen liegen! Auch das Autoradio mitnehmen! Im Gedränge, insbesondere in Bussen und auf Märkten, sollte man sich vor Taschendieben in Acht nehmen. Außerhalb Genuas sind Diebstähle selten, Gewaltkriminalität ist praktisch unbekannt.

Wichtige Adressen und Notrufnummern
Deutsches Generalkonsulat: Via Solferino 40, 20121 Mailand,
Tel. 026 23 11 01, www.mailand.diplo.de
Österreichisches Honorarkonsulat: Via Assarotti 5, 16122 Genova,
Tel. 01 08 39 39 83
Schweizer Generalkonsulat: Konsulat Genua, Lungobisagno Istria 29 L–R,
16141 Genova, Tel. 01 08 38 05 11
Polizei, Unfallrettung: Tel. 113
Feuerwehr: Tel. 115
Pannenhilfe: Tel. 116
Krankenwagen/Unfall/Erste Hilfe: Tel. 118
Kredit- und EC-Karten sperren: Tel. 00 49 116 116 oder
00 49 30 40 50 40 50

An der Riviera di Levante wechseln steile, zum Baden ungeeignete Ufer mit flacheren Küstenabschnitten ab. Breite Sand- und Kiesstrände, allerdings vor einem eher unschönen städtischen Hintergrund, gibt es dagegen am Golfo di Tigullio bei Lavagna und Cavi, einen schönen Sandstrand auch in Sestri Levante. Weiter südlich haben die kleinen Badeorte Moneglia, Bonassola und Levanto geschützte Buchten mit guten Stränden. Die Cinque Terre bieten vorwiegend Felsküsten, nur Monterosso eignet sich für Badeferien. Am Golf von La Spezia findet man bei Lerici einen guten Strand, bei Tellaro (Punta Corvo) und auf der Isola di Palmaria versteckte Badebuchten.

Die Wasserqualität ist in Ligurien fast überall gut bis sehr gut. In keiner anderen Region Italiens bekamen 2011 so viele Strände das begehrte Qualitätssiegel *Bandiera Blu* (›blaue Flagge‹, www.bandierablu.org). Zum Baden ungeeignet sind nur die Ufer im Nahbereich von Genua, La Spezia und Savona sowie einiger Flussmündungen.

Die Hauptstrände werden in der Badesaison weitflächig von den *stabilimenti balneari* belegt, die dort Umkleidekabinen, sanitäre Anlagen und Liegestühle aufstellen. Für die Nutzung zahlt man einen Eintrittspreis, zwei Liegen kosten 15 bis 25 € pro Tag bzw. 60 bis 120 € pro Woche, an renommierten Stränden in der Hochsaison eventuell noch mehr. Meist gibt es aber auch völlig freie Strandabschnitte *(spiagge libere)*, die von den Gemeinden aber nicht immer optimal gepflegt werden.

In Badekleidung, barfuß oder mit nacktem Oberkörper sollte man grundsätzlich keine Läden, Bars und Restaurants betreten (außer Strandbars). In manchen Orten (z. B. Alassio) riskiert man dafür sogar ein Bußgeld! FKK gibt es in Italien nicht, auch ›oben ohne‹ wird nicht gern gesehen, mancherorts sogar explizit verboten. Verpönt ist es, sich vor aller Augen umzuziehen oder Liegeplätze mit ausgelegten Badetüchern zu sichern. Hunde dürfen nur da auf den Strand, wo dies ausdrücklich gestattet ist.

Freeclimbing

Paradies der Freeclimber sind die steilen Kalkfelsen im Hinterland von Finale Ligure. Informationen erhält man vor Ort, u. a. bei Rock Store in Finalborgo, Piazza Garibaldi 14, Tel. 019 69 02 08, www.rockstore.it. Gute Klettermöglichkeiten gibt es auch bei Castelbianco im Val Pennavaire bei Albenga. Informationen im Internet: www.stadler-markus. de (Sportklettern).

Golf

18-Loch-Golfplätze finden sich bei San Remo, in Garlenda bei Albenga (s. S. 55), in Rapallo (s. S. 92), 9-Loch-Golfplätze in Marigola bei Lerici und in Arenzano.

Radfahren

Die Straßen der Riviera sind für Radtouren ungeeignet. Unmittelbar an der Küste stört der extrem dichte Autoverkehr, das steile Hinterland bietet nur sportlich durchtrainierten Radlern Fahrgenuss. Mountainbiker finden hier jedoch gute Möglichkeiten. In Küstennähe sind die Wege allerdings meist zu schmal, vor allem in den Cinque Terre auch viel zu stark begangen, als dass noch Platz für Radler wäre. Gut geeignet für Mountainbiker ist allerdings die Umgebung von Finale Ligure (s. S. 50). Eine anspruchsvolle Mountainbikeroute in den Ligurischen Alpen folgt dem Grenzkamm vom Tendapass nach Ventimiglia; Tourenvorschlag unter www. gps-tour.info.

Segeln

Möglichkeiten zum Segeln finden sich an der gesamten Küste – in vielen größeren Orten gibt es Verleiher und Segelschulen, die auch Anfängerkurse für Kinder veranstalten (s. Orte ab S. 30).

Surfen

Die besten Orte zum Surfen sind wegen der günstigen Windverhältnisse Varazze und Levanto. Gut geeignete Küstenabschnitte gibt es außerdem bei San Remo, Alassio, Finale Ligure, Genua (Capo Marina) und Lerici.

Tauchen

Spannende Tauchgebiete findet man an den steilen Felsküsten der Riviera di Levante, vor allem an der Halbinsel von Portofino oder im Gebiet der Cinque Terre. Tauchschulen, die auch die Ausrüstung verleihen, gibt es z. B. in Santa Margherita Ligure (s. S. 88), Levanto (s. S. 97) und Riomaggiore (s. S. 104).

Wandern

Vor allem das Gebiet der Cinque Terre zieht jährlich Zehntausende von Wanderern aus aller Welt an. Das hat zwar unerfreuliche Begleiterscheinungen – vor allem an Wochenenden und Feiertagen sind die bekanntesten Wege der Cinque Terre gelegentlich hoffnungslos überlaufen. Aber die Gegend bietet tatsächlich einzigartige Natureindrücke. Schmale Maultierpfade verbinden hoch über dem Meer malerische alte Dörfer. Eine üppige subtropische Vegetation – Agaven und Opuntien, Orangenbäume und Zitronenhaine – begleitet die Wege, die über steil terrassierte Ölbaum- und Weinkulturen führen. Keine Neubauten und keine Autostraßen stören den Eindruck perfekter Idylle.

Aber auch anderswo in Ligurien lassen sich wunderbare Touren durchführen. Am Golfo di Tigullio oberhalb von

Wanderführer

Um die wirklich schönen Routen zu finden, sollte man einen Wanderführer im Gepäck haben. Der DuMont Wanderführer »Ligurien« enthält nicht nur Tourenvorschläge für die bekannten Küstenwege von Cinque Terre und Portofino-Halbinsel, sondern führt auch in die unbekannte, einsame Bergwelt von Apennin und Ligurischen Alpen im Hinterland. Exakte Wegbeschreibungen, Karten und Höhenprofile sind jeweils eng aufeinander abgestimmt und ermöglichen eine schnelle Orientierung.

Rapallo, Chiavari und Sestri Levante verlaufen kaum begangene Wege hoch über der Küste. Im Naturschutzgebiet des Monte Portofino gelangt man in einsames Küstengebirge ganz in der Nähe viel besuchter Orte wie Camogli oder Portofino. Auch in den anderen ligurischen Naturschutzgebieten führen markierte Pfade durch schöne Bergnatur: im Parco di Montemarcello bei Tellaro im Südosten, im Parco dell'Aveto im Apennin-Hinterland der Riviera di Levante, im Parco dell'Antola und im Parco del Beigua bei Genua.

An der Riviera di Ponente bietet sich u. a. die Umgebung von Finale Ligure für Wandertouren an. Wanderwege, die z. T. dem Verlauf alter Römerstraßen folgen, durchqueren hier ein menschenleeres kleines Kalkgebirge. Weiter westlich ist die Küste überall stark verbaut, aber schon im unmittelbaren Hinterland gibt es zahlreiche lohnende Wandergebiete (Täler von Albenga und Imperia, Argentina-Tal bei Triora). Die Ligurischen Alpen an der Westgrenze der Region sind kaum erschlossen, auf einsamen Bergpfaden kann man hier stundenlang unterwegs sein, ohne einen einzigen Menschen anzutreffen.

Die schönste Fernwanderung ist die neuntägige Wanderung von Genua nach Portovenere. Auf den dünn besiedelten Kämmen der Seealpen und des Apennin führt der Höhenweg der Ligurischen Berge (Alta Via dei Monti Liguri) in 44 Etappen durch die gesamte Region. Leider nimmt die Streckenführung nicht viel Rücksicht auf Wanderer ohne Zelt: Um in Hotels zu gelangen, muss man meist in die Täler absteigen. (Einen Bezugshinweis für die Wegbeschreibung einer zwölftägigen, ohne Zelt machbaren Variante im Westteil der Alta Via findet man auf www.italienwandern.de.)

An der Küste dauert die Wandersaison von September bis Juni. Der Hochsommer ist selbst in den Ligurischen Alpen zum Wandern zu heiß, der Winter mit seinen oft milden Temperaturen dagegen gut geeignet. Die schönste Blütezeit liegt zwischen April und Juni, aber schon ab Ende Januar blühen viele Wiesenblumen und die gelb leuchtenden Mimosenbäume. In den Berggebieten ist – in Höhenlagen über 1000 m – der Zeitraum zwischen Mai und Mitte Oktober die ideale Wanderzeit.

Die Wanderwege sind meist verlässlich markiert, das vor Ort erhältliche Karten- und Infomaterial ist jedoch oft ungenau (www.italienwandern.de).

Wellness

Die Riviera kann man als gigantisches Wellness-Angebot betrachten: wandern, im Meerwasser schwimmen, bummeln und gut essen – dabei erholen sich Körper und Geist schon ohne besondere Programme. Spezielle Wellness-Angebote gibt es dagegen kaum. Bäderkuren kann man nur in dem kleinen Ort Pigna im Hinterland der Blumenriviera antreten. Hier wurden 1998 die schon im Mittelalter benutzten schwefelhaltigen Heilquellen wieder zugänglich gemacht. Ein komfortables Thermalhotel bietet die ganze Bandbreite klassischer Kuranwendungen (Balneotherapie, Hydrotherapie, Fango, Inhalationen u. a.), fernöstliche Entspannungstechniken wie Shiatsu und Reiki, eine ›Beauty Farm‹ und einen ›Fitness Club‹ (Hotel Antiche Terme, 18037 Pigna, Tel. 01 84 24 00 10, www.ter medipigna.it).

Telefon und Internet

In Italien sind die früheren Ortsvorwahlen in die Rufnummer integriert und müssen daher auch innerörtlich mitgewählt werden. Bei Telefonaten aus Italien nach Deutschland (Vorwahl 0049), Österreich (Vorwahl 0043) und in die Schweiz (Vorwahl 0041) entfällt die erste 0 der Ortsvorwahl. Bei Telefonaten nach Italien (Vorwahl 0039) wird hingegen die italienische Rufnummer mit der ersten 0 gewählt. **Auskunft:** Tel. 12 54.

In Telefonzellen benutzt man eine Telefonkarte *(scheda telefonica)*, die für 5 oder 10 € in Tabacchi-Geschäften erhältlich ist.

In zahlreichen Hotels ist es möglich, das Internet zu nutzen. Internet-Cafés und -Shops gibt es überdies in allen größeren Orten.

Verkehrsmittel

Bahn

Mit der Bahn erreicht man problemlos fast alle Küstenorte. Etwa stündlich verkehrt ein Regionalzug pro Richtung. Zusätzlich fahren mehrmals täglich Intercityzüge von Ventimiglia oder La Spezia nach Genua/Mailand (Reservierungspflicht, Zwischenhalt in wichtigen Küstenorten).

Fahrkarten der 2. Klasse kosten im Regionalzug rund 7 €/100 km, im IC rund 11 €/100 km. Man sollte sie unbedingt vor Fahrtantritt erwerben – Nachlösen im Zug ist teuer! Fahrkarten des Nahverkehrs werden häufig auch in Tabacchi-Geschäften oder Bars verkauft. Sie müssen vor dem Einstieg an kleinen gelben Automaten entwertet werden. Danach sind sie sechs Stunden lang gültig, bei Entfernungen über 200 km 24 Stunden lang. Fahrkarten für Fernzüge (Eurostar, Intercity) gelten nur für die gebuchte Verbindung. Die notwendige Reservierung ist meist bis kurz vor Abfahrt am Schalter zu bekommen. Dies gilt nur eingeschränkt für die Hauptreisezeiten (Freitagnachmittag, Sonn- und Feiertage ab spätem Nachmittag).

Informationen: www.trenitalia.com, www.bahn.de (auch für inneritalienische Verbindungen).

Bus

An der Küste verkehren mit Ausnahme des Gebietes zwischen Sestri Levante und La Spezia regelmäßig Busse, meist im 30-Min.-Takt. Auch die Orte im Hinterland sind per Bus erreichbar (werktags meist 3–6 Verbindungen). An Sonn- und Feiertagen *(festivi)* fahren deutlich weniger Busse. Fahrkarten müssen in der Regel vorab am Busbahnhof, in Tabacchi-Geschäften oder Bars erworben werden. Die Fahrpreise liegen bei rund 7 Ct./km.

Fahrpläne im Internet: www.riviera trasporti.it (Ventimiglia bis Alassio), www.tpllinea.it (Alassio bis Genua), www.apm.genova.it (Genua), www.at

Der Umwelt zuliebe – nachhaltig reisen

Ligurien lässt sich problemlos mit **öffentlichen Verkehrsmitteln** bereisen. Alle wichtigen Orte liegen an der Küste, die bestens durch Bus und Bahn erschlossen ist. Sorgfältiges Fahrplanstudium erfordert eine Fahrt mit dem Bus in die kleineren Orte des Hinterlands, da hier weniger Verbindungen bestehen.

Die **Slow-Food-Bewegung** hat in der Nachbarregion Piemont ihren Ausgang genommen und ist auch in Ligurien gut vertreten. Viele ligurische Restaurants und Agrarbetriebe haben sich ihr angeschlossen, um den Anbau und Vertrieb hochwertiger, regional produzierter Produkte zu fördern. Ökologisch nachhaltige Landwirtschaft ist in Ligurien allgemein im Aufwind. Der Apenninenkleinstadt Varese Ligure erhielt 1999 als erster Ort in Europa das EU-Zertifikat ›Ökologische Kommune‹.

Durch **Überfischung** sind einige Mittelmeer-Speisefische in ihrem Bestand bedroht. Greenpeace Österreich empfiehlt deshalb umweltbewussten Konsumenten, auf den Verzehr besonders gefährdeter Arten bis auf Weiteres zu verzichten. Dazu gehören Thunfisch (*tonno*), Schwertfisch (*pesce spada*), Dorade (*orata*), Seezunge (*sogliola*) sowie Wolfs- und Zackenbarsch (*spigola, cernia*); Informationen unter www.greenpeace.at/mittelmeer.html.

pesercizio.it (Genua bis Levanto), www.atcesercizio.it (Golf von La Spezia)

Taxi

Taxen sind in den Städten gewöhnlich leicht zu bekommen. Die Rufnummer findet man im Telefonbuch unter *taxi* und *radio-taxi*. Der Fahrpreis beträgt rund 2 €/km (Mindestgebühr um 5 €). Für Gepäck, Fahrten an Sonntagen, Nachtfahrten u. Ä. fallen allerdings Zuschläge an. Taxifahrer sind bei Stadtfahrten verpflichtet, den Taxameter einzuschalten.

Mietwagen/eigenes Auto

Autoverleiher gibt es außer in Genua in Rapallo, Chiavari, La Spezia, Savona, Alassio und San Remo. Man findet sie auf den Internetseiten der international bekannten Anbieter.

Autofahren ist in Italien eine relativ kostspielige Angelegenheit: Autobahnen sind bis auf wenige Kurzstrecken gebührenpflichtig (ca. 6 €/100 km). Die Benzinpreise sind etwa so hoch wie in Deutschland. Höchstgeschwindigkeiten: 130 km/h auf Autobahnen, 110 km/h auf Schnellstraßen, 90 km/h auf Landstraßen und 50 km/h in Ortschaften. Außerhalb von Ortschaften muss auch tagsüber das Abblendlicht eingeschaltet sein! Die Promillegrenze liegt bei 0,5 und es besteht Gurtanlegepflicht. Das Mitführen einer Leuchtweste im Pkw ist zwingend vorgeschrieben.

Italienische Autofahrer halten sich nicht streng an die Vorschriften, fahren dafür aber generell sehr aufmerksam. Flexibilität und nicht Beharren auf formalen Verkehrsvorschriften sind gefragt. Parkverbote sollte man beachten, die Polizei kontrolliert gründlich und die Bußgelder sind hoch. An weißen Linien darf gebührenfrei geparkt werden, an blauen muss man zahlen, an gelben dürfen nur Anwohner ihr Auto abstellen.

Unterwegs an der ligurischen Küste

Mare e Monti – überall in Ligurien steigen mit Olivenhainen und Mittelmeerwald bedeckte Steilhänge dicht über der Küste auf. Gute Sand- und Kiesstrände ermöglichen vielerorts entspannte Badeferien unter südlicher Sonne. Einer der schönsten Riviera-Plätze ist die Baia del Silenzio in Sestri Levante: Schmale Durchgänge führen aus dem Dunkel der Altstadt auf den Sandstrand an der sanft geschwungenen ›Bucht der Stille‹.

Genua und Umgebung

Genua ▶ Karte 2, Cityplan S. 34

Genua ist das unangefochtene Zentrum der Riviera. Fast die Hälfte der Einwohner Liguriens leben hier. Die Hauptstadt der Region (630 000 Einw.) bietet viele Attraktionen: die interessante Altstadt mit ihrem regen Straßenleben, das lebendige, leicht dekadente Hafenviertel, den Meerwasserzoo Acquario, prunkvolle **Adelspaläste** (**direkt 1|** ▶ S. 32), eine große Vielfalt an Kunstwerken in Museen und Kirchen. 2004 war Genua die ›Kulturhauptstadt Europas‹, aus diesem Anlass wurden historische Gebäude restauriert, neue Fußgängerzonen eingerichtet und der **alte Hafen** in eine äußerst attraktive Freizeitwelt verwandelt (**direkt 2|** ▶ S. 37). Die steigenden Touristenzahlen zeigen, dass sich Genuas Reize langsam herumsprechen.

Kathedrale San Lorenzo **1**
Piazza San Lorenzo
Genuas Hauptkirche zeigt vorwiegend gotische Formen. An der reich mit Skulpturen geschmückten Fassade erblickt man über dem Hauptportal das Martyrium des hl. Laurentius, Schutzpatron der Kirche. Der Innenraum wurde von den genuesischen Barockkünstlern G. B. Castello, Lazzaro Tavarone und Luca Cambiaso ausgemalt.

Museo del Tesoro di San Lorenzo
In der Kathedrale San Lorenzo, Zugang vom rechten Seitenschiff,

Führungen alle 30 Min. Mo–Sa 9–11.30, 15–17.30 Uhr
Der Kirchenschatz der Kathedrale San Lorenzo umfasst u. a. das kostbare byzantinische Zacharias-Kreuz aus dem 13. Jh. und den Sacro Cantino, eine über tausendjährige orientalische Glasschüssel, die Christus der Überlieferung nach beim Abendmahl benutzt haben soll.

Palazzo Ducale **2**
Piazza Matteotti, www.palazzo ducale.genova.it
Der frühere ›Dogenpalast‹ wurde um 1600 erbaut, aber seine monumentale Fassade an der Piazza Matteotti stammt erst aus dem 19. Jh. Das große Gebäude wird heute u. a. für Ausstellungen genutzt.

Sant'Ambrogio (Il Gesù) **3**
Piazza Matteotti
In der Jesuitenkirche hängen zwei Bilder von Rubens, der längere Zeit in Genua gearbeitet hat: »Die Beschneidung Christi« (am Hauptaltar) und »Der hl. Ignatius heilt einen Besessenen« (dritte Kapelle links).

Porta Soprana **4**
Piazza Dante
Neben dem mittelalterlichen Stadttor stehen Reste des Kreuzgangs von Sant'Andrea aus dem 12. Jh. und das sogenannte Haus des Kolumbus, in dem der Seefahrer angeblich seine Jugend verbracht haben soll.

San Donato 5
Piazza San Donato
Die besterhaltene romanische Kirche der Stadt wurde im 12. Jh. errichtet. In der Kapelle des hl. Josef hängt das schöne Renaissancegemälde »Anbetung der Könige« des niederländischen Malers Joos van Cleve.

Santa Maria di Castello 6
Piazza S. Maria di Castello
Eine weitere romanische Kirche, die allerdings im Lauf der Jahrhunderte mehrfach umgebaut wurde. In der Loggia dell'Annunciazione (Zugang durch die Sakristei am Ende des rechten Seitenschiffs) befindet sich das sehenswerte Verkündigungs-Fresko von Justus von Ravensburg (1451).

Palazzo di San Giorgio 7
Piazza Caricamento
Das frühere Rathaus hat an der Stadtseite eine gotische Fassade; zum Hafen hin wurde es im 16. Jh. mit Fresken bemalt.

Museo d'Arte Orientale 8
Im Parco Villetta Dinegro, Di–Fr 9–19, Sa/So 10–19 Uhr
Das Museum ostasiatischer Kunst besitzt eine reiche Sammlung japanischer Kunstwerke, daneben auch chinesische Bildhauerarbeiten.

Cimitero di Staglieno 9
Einlass tgl. 7.30–16.30 Uhr,
www.staglieno.eu,
Bus 34 ab Bhf. Piazza Principe
Der große Friedhof am Stadtrand, ein Freilichtmuseum klassizistischer Bildhauerkunst, ist berühmt für seine monumentale Grabarchitektur.

Übernachten
Zur Bootsmesse Salone Nautico Anfang/Mitte Okt. sind die Hotels langfristig ausgebucht – für diese Zeit unbedingt reservieren!

Jugendherberge – **Ostello della Gioventù** 1: Via Costanzi 120, Tel./Fax 01 02 42 24 57, www.ostellogenova.it, Ü/F 17 €, 18–25 € in Doppel- bis Fünferzimmern. Neubau am Hang über der Stadt, behindertengerecht. Anfahrt: Bus 40 ab Bhf. Brignole.

Freundlich – **Soana** 2: Via XX Settembre 23, Tel. 010 56 28 14, www.hotelsoana.it, DZ 70–95 €. Zentral gelegenes und engagiert geführtes Hotel. Die Räume zur Straße sind laut, besser Zimmer nach hinten nehmen!

Familiär – **Cairoli** 3: Via Cairoli 14, Tel. 01 02 46 14 54, www.hotelcairoligenova.com, DZ 85–100 €. Angenehme und freundliche kleine Pension mit blumengeschmückter Terrasse. Reservierung dringend empfohlen!

Man spricht Deutsch – **Galles** 4: Via Bersaglieri d'Italia 13, Tel. 01 02 46 28 20, www.hotelgallesgenova.com, DZ/ÜF 85–120 €. Gut geführtes Drei-Sterne-Hotel von einem gut Deutsch sprechenden Besitzer. In den Zimmern hört man allerdings etwas Straßenlärm.

Villa mit Park – **Villa Pagoda** 5: Via Capolungo 15, Tel. 01 03 72 61 61, www.villapagoda.it, DZ 105–235 €. Elegante Unterkunft in einem großen Park im ruhigen Vorort Nervi.

Camping – **Villa Doria** 6: Via Doria 15, Tel./Fax 01 06 96 96 00, www.camping.it/liguria/villadoria/. Angenehmer schattiger Platz im Stadtteil Pegli.

Essen und Trinken
In Genua gibt es kaum Gourmet-Restaurants, dafür viele einfach-rustikale Trattorien.

Preise niedrig, Stimmung gut – **Sà Pesta** 1: Via dei Giustiniani 16r, Tel. 01 02 46 83 36, Mo–Sa mittags, Do–Sa auch abends, Mitte Juli–Mitte Sept. geschl., Menü um 18 €. Gu-   ▷ S. 36

1 | Straßen der Paläste – Via Garibaldi und Via Balbi

Karte: ▶ G 3 und Karte 2 | **Cityplan:** S. 34

Seefahrt, Handel und Bankwesen prägen die Geschichte Genuas. Immer blickte man hier in die Ferne, denn das karge Hinterland versprach kaum Wohlstand. Als mittelalterliche Handels- und Seerepublik erlebte die Stadt eine erste Blüte. Ab dem 16. Jh. florierten vor allem die Geldgeschäfte. Als Bankiers der spanischen Krone gelangte die Adels- und Finanzelite Genuas zu üppigem Reichtum.

Unter Flottenadmiral Andrea Doria schlug sich Genua 1528 auf die Seite Karls V. Das Bündnis machte die Genuesen, findige Entwickler innovativer Finanzprodukte, zum wichtigsten Geldgeber der spanischen Krone. Auch sie profitierten von den enormen spanischen Gewinnen infolge der Eroberung Amerikas. Vom 16. bis ins 18. Jh. war Genua, dessen Geld gewinnbringend in ganz Europa zirkulierte, zeitweise die reichste Stadt des Kontinents. Die Paläste der Via Garibaldi und der Via Balbi geben noch heute einen Eindruck vom einstigen Luxus.

Via Garibaldi

Die heute autofreie Via Garibaldi entstand im 16. Jh. als exklusives Wohnviertel genuesischer Bankiers. Sie ist von repräsentativen Palazzi aus Spätrenaissance und Barock gesäumt. Jedes Detail verrät Wohlstand und Freude an der Selbstdarstellung: die mit Reliefs geschmückten Portale, die antiken Motive der Pilaster, Säulen, Triumphbögen und Friese, die überaus reiche Ausmalung der Innenräume. Die meisten Bauten folgen einem Grundmuster: An das Portal und die oft freskengeschmückte Eingangshalle schließt sich ein repräsentativer Innenhof an. Meist befindet sich an der Rückseite des Gebäudes, weit über dem Eingangsniveau, noch ein Garten. Auffallend ist das Fehlen einer größeren Piazza im Viertel der Reichen. Die untereinander konkurrierenden Adelsfamilien lebten ohne Bezug zum städtischen Alltag in abgeschlossenen Privatwelten.

Künstler aus der Fremde

Der **Palazzo Podestà** 10 (Nr. 7) zeigt einen reichen Reliefschmuck und im Hof einen schönen Felsbrunnen. Der 35 m lange **Palazzo Doria-Tursi** 11 (Nr. 9), der prunkvollste Bau der Straße, wurde 1570 für den Bankier Nicolò Grimaldi errichtet. Er ist durch einen Gang mit der Gemäldegalerie im barocken **Palazzo Bianco** 12 (Nr. 11) verbunden. In ihm finden sich bedeutende Werke flämischer Maler, außerdem Bilder von Ludovico Bréa, Filippino Lippi, Caravaggio, Zurbarán und Murillo. Gegenüber zeigt der **Palazzo Rosso** 13 (Nr. 18) unter anderem schöne Bilder der venezianischen Renaissance von Tintoretto, Tizian und Veronese.

Unterhalb des Palazzo Rosso versteckt sich der **Palazzo Spinola di Pellicceria** 14 (1593) in der Altstadt. Mit alten Möbeln und Wandfresken hat er die Originaleinrichtung einer genuesischen Villa bewahrt. Die große Bildersammlung zeigt genuesischen Barock (Cambasio, Carlone) und flämische Meister. Ein wahres Schmuckstück des Barock ist nahebei das reich freskierte Kirchlein **Santa Lucia** 15 (17. Jh.).

Die Stadt der Händler und Bankiers brachte selbst kaum Künstler von Rang hervor. Die vielen Bildwerke zur Ausschmückung der Paläste ließ man gegen gutes Geld von fremden Meistern malen. Sie kamen vor allem aus Flandern wie Gérard David, Jan Provost, Joos van Cleve, Hans Memling, Anton van Dyck oder Jacob Ruisdael.

Via Balbi

Im 17. Jh. bekam Genua mit der Via Balbi eine zweite Prachtstraße. Erste aufwendige Barock-Palazzi entstanden hier ab 1602 auf Initiative der Jesuiten und des schwerreichen Adelsclans der Balbi. Den Reichtum des 17./18. Jh. repräsentiert auch die große Kirche **Santissima Annunziata del Vastato** 16 zu Beginn der Straße, die überreich mit Goldverzierungen, Marmorsäulen und Barockgemälden genuesischer Künstler geschmückt ist.

Das ehemalige **Jesuitenkolleg** 17 (Nr. 5; 1634–36) dient heute als Hauptgebäude der Universität. Der **Palazzo Reale** 18 (Nr. 10), der größte und vielleicht auch prunkvollste Adelspalast Genuas, wurde ab 1643 durch die Balbi errichtet, um 1700 durch die Durazzo wesentlich erweitert. Nach 1824 residierten hier die Könige von Piemont-Savoyen. Die Raumfluchten mit ihrem edlen Mobiliar, den Stuckaturen, Marmorfiguren, großen Wand- und Deckenmalereien und dem hell glitzernden Spiegelsaal wirken luxuriös. Vom mit Steinmosaiken ausgelegten Innenhof bietet sich ein schöner Blick auf die elegante Rückfront des Palazzo.

Öffnungszeiten
Palazzo Bianco 12/**Palazzo Rosso** 13: www.museidigenova.it, Di–Fr 9–19, Sa/So 10–19 Uhr, 9 €.
Palazzo Spinola di Pellicceria 14: Piazza Pellicceria 1, www.palazzo spinola.it, Di–Sa 8.30–19.30, So/Fei 13.30–19.30 Uhr, 4 €.
Santa Lucia 15: Piazza Lucia, Di–So 8–12, 16–18.30 Uhr.
Palazzo Reale 18: www.palazzo realegenova.it, Di/Mi 9–13, Do–So 9–18.30 Uhr, 4 €.

Genua

Sehenswert

1 Kathedrale San Lorenzo
2 Palazzo Ducale
3 Sant'Ambrogio (Il Gesù)
4 Porta Soprana
5 San Donato
6 Santa Maria di Castello

7 Palazzo di San Giorgio
8 Museo d'Arte Orientale
9 Cimitero Staglieno
10 Palazzo Podestà
11 Palazzo Doria-Tursi
12 Palazzo Bianco
13 Palazzo Rosso

14 Palazzo Spinola di
   Pellicceria
15 Santa Lucia
16 Santissima Annunziata
   del Vastato
17 Jesuitenkolleg
18 Palazzo Reale

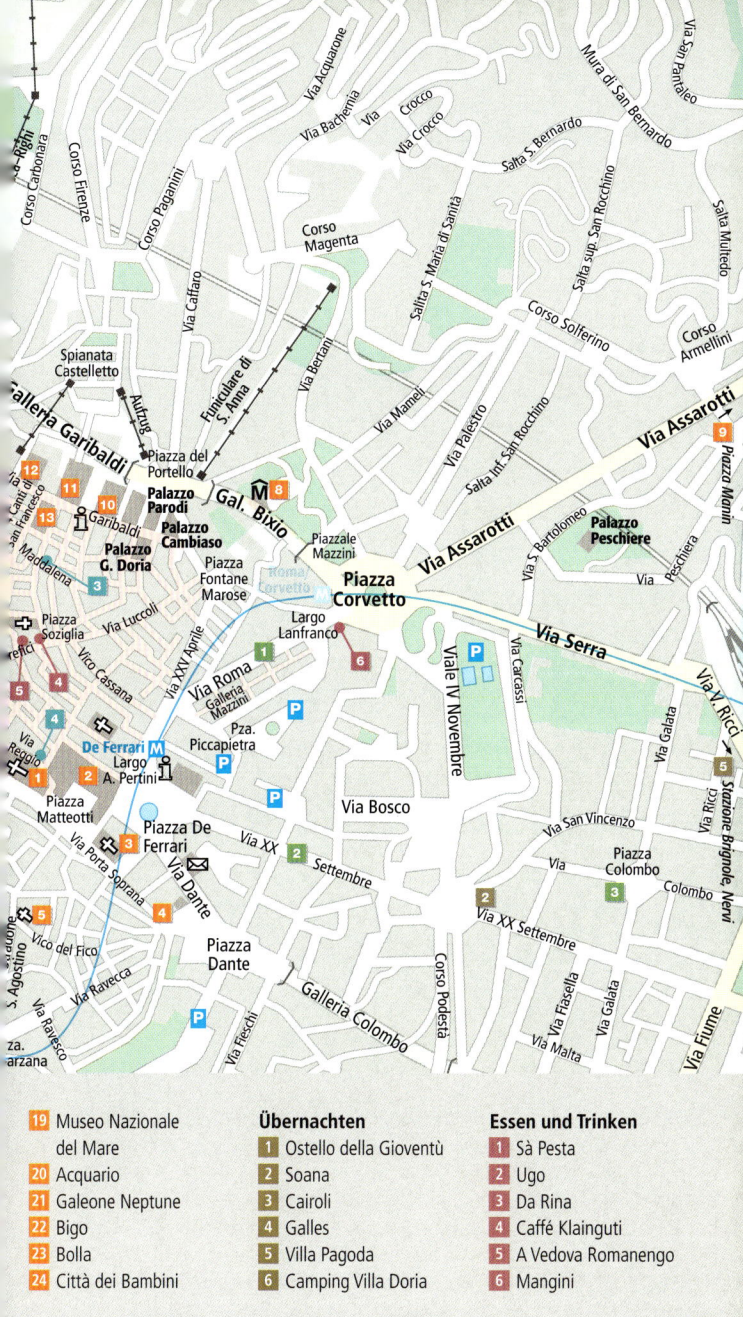

19 Museo Nazionale del Mare
20 Acquario
21 Galeone Neptune
22 Bigo
23 Bolla
24 Città dei Bambini

Übernachten
1 Ostello della Gioventù
2 Soana
3 Cairoli
4 Galles
5 Villa Pagoda
6 Camping Villa Doria

Essen und Trinken
1 Sà Pesta
2 Ugo
3 Da Rina
4 Caffé Klainguti
5 A Vedova Romanengo
6 Mangini

▷ S. 36

Genua

Einkaufen
1 Via Roma
2 Via XX Settembre
3 Mercato Orientale
4 Via Canneto Il Lungo
5 Drogheria Torielli

Ausgehen
1 Cantine Moretti
2 La Bottega del Conte
3 Café Teatro Madeleine
4 Louisiana Jazz Club

Sport und Aktivitäten
1 Consorzio Liguria
  Viamare
2 Anlegestelle im
  Porto Antico

te genuesische Hausmacherküche (Sardellen, Stockfisch, *farinata*, Gemüsetorten). Ungezwungenes, schlichtes Ambiente. Sehr beliebt und meist sehr voll.

Mammas Küche – **Ugo** 2 : Via dei Giustiniani 86r, Tel. 01 02 46 93 02, Di–Sa, Menü mittags 20 €, abends 25 €. Das einfache Lokal mit typischer genuesischer Kneipenatmosphäre wird vor allem von Einheimischen besucht; gute Regionalküche.

Gutbürgerlich – **Da Rina** 3 : Via Mura delle Grazie 3r, Tel. 01 02 46 64 75, Di–So, Menü 32–45 €. Die Chefin führt das Traditionslokal im Hafenviertel seit mehr als 50 Jahren. Der frühere Staatspräsident Sandro Pertini war Stammgast – verständlich, wenn man die ausgezeichneten Fischgerichte oder das köstliche Dessert *sacripantina* (einen Zabaione-Kuchen) genießt.

Cafés mit Sil – **Caffé Klainguti** 4 : Piazza Soziglia 100r, Tel. 01 02 47 45 52, Mo–Sa. Zuckerbäcker aus dem Engadin gründeten 1828 das Café. Ihre köstlichen Kuchen hatten schnell enormen Erfolg. Das traditionsreiche Ambiente hat sich erhalten. **A Vedova Romanengo** 5 : Via Orefici 35r. Das winzige Café neben dem Klainguti besitzt noch die Einrichtung aus der Zeit um 1900. **Mangini** 6 : Piazza Corvetto 3. Hier sitzt man vornehm unter Kristalllüstern und alten Gemälden.

Einkaufen

Noble Modegeschäfte – in der **Via Roma** 1 und in der **Via XX Settembre** 2 . Preisgünstiger kauft man hingegen in den Altstadtgassen in Hafennähe ein.

Lebensmittelmarkt – **Mercato Orientale** 3 : Markthalle bei der Piazza Colombo, Mo–Sa ganztags. Besonders buntes Geschehen.

Viele kleine Lebensmittelgeschäfte – **Via Canneto il Lungo** 4 : parallel zur Via San Lorenzo.

Gewürze und Süßes – **Drogheria Torielli** 5 : Via San Bernardo 32r. Eines der ältesten Geschäfte Genuas, nicht weit entfernt von der Via Canneto il Lungo. Hier sind angeblich 268 Gewürzsorten im Sortiment, außerdem Tee, Kaffee, Bonbons, Honig, kandierte Früchte u. v. a.

Ausgehen

Lokale und Treffpunkte für Nachtschwärmer finden sich vor allem in den Altstadtgassen beim **Palazzo Ducale** 2 (Via San Bernardo, Piazza delle Erbe). Im Sommer ist hier immer etwas los. Tipps und Trends unter www.mentelocale.it (italienisch).

Altstadt-Treffpunkte – **Cantine Moretti** 1 : Via San Bernardo 75r. Hier geht es locker zu, die Stimmung ist studentisch geprägt. **La Bottega del Conte** 2 : Via delle Grazie 47r, Tel. 01 02 46 83 56. Eleganter und teurer ist diese Jazz- und Szenekneipe ganz in der Nähe der Cantine Moretti.

Alternativ angehaucht – **Café Teatro Madeleine** 3 : Via della Maddalena 103r, Tel. 01 02 46 53 12, Mo–Sa 17–3 Uhr. Sympathisches Musikcafé; Di, Do Konzerte und Theater. ▷ S. 39

2 | Auferstanden aus Ruinen – der Porto Antico

Karte: ▶ Karte 2, D 4 | **Cityplan:** S. 34

Noch vor 20 Jahren bot der alte Hafen von Genua ein Bild der Tristesse. Vor sich hinrostende Schiffsdocks, bröckelnde Mauern und leere Lagerhallen zeugten von stetigem wirtschaftlichen Niedergang. Heute flanieren Einheimische und Touristen auf neu gestalteten Uferkais und vorbei an architektonisch ambitionierten Bauten einer modernen Freizeitwelt.

Im Laufe des 20. Jh. wanderte der Hafenbetrieb immer weiter in die westlichen Vororte ab, wo neue Verladekais für große Containerschiffe entstanden. Die Kolumbusfeiern 1992 veranlassten die Stadt, die Neugestaltung des verwaisten alten Hafenareals anzugehen. Stararchitekt Renzo Piano aus Genua war bei der Planung federführend. Neue Freizeit- und Museumsbauten an den alten Kais setzten in der Fachwelt

viel beachtete städtebauliche Akzente. Der ehemalige Industriehafen ist damit auch touristisch attraktiv geworden.

Museum des Meeres

Das **Museo Nazionale del Mare** 19 am Darsena-Becken, das größte Schiffsmuseum des Mittelmeerraums, öffnete 2004 seine Pforten. Mit Modellen, Rekonstruktionen und Filmprojektionen dokumentiert es anschaulich die ruhmreiche Geschichte der genuesischen Seefahrt. Zu sehen sind Schiffsmodelle und Navigationsinstrumente des 15. Jh., Waffen, Rüstungen und Galionsfiguren sowie ein im Originalmaßstab nachgebautes Schiff des 17. Jh.

Im Hafenbecken vor dem Museum kann man in das große **U-Boot Sommergibile Nazario Sauro** hintersteigen. Nebenan ankern noch bunte Fischerboote, frühmorgens wird der Fang angelandet und gleich verkauft. Tagsüber finden sich farbige Straßen-

Übrigens: Der **Palazzo di San Giorgio** 7 ist das einzige historische Gebäude am Porto Antico. Er diente kurz als Rathaus, ab 1407 als Sitz der Casa di San Giorgio, einer der ersten Banken weltweit. Das Fehlen eines repräsentativen Ratssitzes belegt die geschichtlich schwache Stellung der öffentlichen Institutionen Genuas, die von den Privatinteressen reicher Adels- und Bankiersclans dominiert wurden.

händler ein, die in der nahen Altstadt eine verborgene Randexistenz führen.

Unterwasser-Wunderwelt
Der größte Anziehungspunkt am Hafen ist zweifellos der Meerwasser-Zoo **Acquario** 20, heute eine der meistbesuchten Sehenswürdigkeiten Italiens. Mit gutem Grund: Die rund 5000 Meerestiere werden vorzüglich präsentiert. Durch große Glaswände sieht man Haifische und Rochen elegant durch den Raum schweben, Muränen schlängeln sich aus Höhlen hervor, plumpe Seekühe stehen stoisch kauend im Wasser, während Delfine, Seehunde und Pinguine mit Vergnügen ihre Schwimmkünste zeigen. Daneben erfreuen exotisch bunte Fische den Besucher. Große Bassins bilden ganze Ökosysteme ab – ein Korallenriff, tropische Urwaldflüsse, das ligurische Meer. Vor allem für Kinder eine Riesenattraktion!

Kinderblicke zieht auch die **Galeone Neptune** 21 vor dem Acquario auf sich. Der Nachbau eines spanischen Kriegsschiffs des 16. Jh. entstand 1982 für Roman Polanskis Film »Piraten«.

Bigo, Bolla und Baumwollspeicher
Den **Bigo** 22 entwarf Renzo Piano als Symbol der Kolumbus-Feiern im Jahr 1992. Die 40 m hohe Konstruktion orientiert sich an alten Kranbäumen zur Schiffsbeladung. Mit einem Aufzug kann man zur Plattform auf der Spitze hinauffahren, wo man einen schönen Ausblick auf Stadt und Hafen genießt.

Auch die **Bolla** 23, die Gewächshauskugel neben dem Acquario, ist eine Idee Renzo Pianos. In der gläsernen ›Blase‹ ist ein kleines Tropenwald-Szenario mit einigen sich frei bewegenden Tieren (Chamäleons, Iguanas, Kakadus) untergebracht. Die alten Baumwollspeicher Magazzini del Cotone wurden zu einem Kongresszentrum ausgebaut. Hier findet man auch die **Città dei Bambini** 24, eine interaktive Spiel- und Technikwelt für Kinder von zwei bis zwölf Jahren, die sich z. B. an einem Hausbauprojekt beteiligen können oder erfahren, wie sich die Umwelt ›aus der Perspektive der Ameisen‹ anfühlt.

Infos und Öffnungszeiten
Museo Nazionale del Mare 19: www.galatamuseodelmare.it, März–Okt. tgl. 10–19.30, übrige Zeit Di–Fr 10–18, Sa/So 10–19.30 Uhr, Einlass bis 90 Min. vor Schließung
Acquario 20: www.acquariodigenova.it, Juli/Aug. tgl. 8.30–22 Uhr, tgl. 8.30–22.30 Uhr, übrige Zeit mindestens 9.30–19.30 Uhr, Sa/So auch länger, Einlass bis 2 Std. vor Schließung. Lange Warteschlangen an Wochenenden/Feiertagen!
Galeone Neptune 21: tgl. 10–19 Uhr, Einlass bis 18 Uhr, 5 €, Kinder 3 €.
Città dei Bambini 24: www.cittadeibambini.net, Di–So 10–18 Uhr, Einlass bis 16.45 Uhr.
Sammeleintrittskarte: 45 € (Erw.), 29 € (Kinder) für Acquario, Museo del Mare, Bigo, Bolla, Città dei Bambini.

Jazz – **Louisiana Jazz Club** [4] : Via T. Reggio 34 (nahe Dom), Tel. 010 58 52 41, www.louisianajazzclub.com. Do ab 21 Uhr Jazz live.

Sport und Aktivitäten

Walbeobachtung – **Consorzio Liguria Viamare** [1] : Ponte dei Mille, Piano Calata, Tel. 010 26 57 12, www.whalewatchliguria.it. April–Sept. 1–3 x pro Woche starten vom **Porto Antico** [2], dem alten Hafen, ganztägige Exkursionen zur Beobachtung von Walen und Delfinen.

Wandern – über der Stadt im **Parco della Mura** (▶ direkt 3 | ▶ S. 40)

Infos und Termine

Touristeninformation IAT: Büros in der Via Garibaldi 12r, Tel. 01 05 57 28 74, beim Teatro Carlo Felice, Largo Alessandro Pertini 12, Tel. 01 08 60 61 22, und am Flughafen, Tel. 01 06 01 52 47, www.genova-turismo.it.

Flugzeug: ab Flughafen Cristoforo Colombo Direktverbindungen u. a. nach München und Zürich. Von den Bahnhöfen Brignole und Piazza Principe erreichbar mit Volabus (alle 30–60 Min., Fahrzeit rund 30 Min., 6 €. Taxi von der Innenstadt zum Flughafen: 20–25 €.

Bahn: Von den Hauptbahnhöfen Piazza Principe und Brignole ca. stündlich Regionalzüge entlang der Küste nach Ventimiglia und La Spezia; Intercity nach Mailand, Ventimiglia, Turin und Rom.

Stadtbus: Fahrkarten für 1,50 € in Tabacchi-Geschäften. Ab Entwertung gelten sie 100 Min. auf dem Gesamtnetz inkl. Regionalzügen zwischen Voltri und Nervi. Tageskarte (Genovapass): 4,50 €. Busfahrpläne unter www.amt.genova.it.

Taxi: u. a. an den Bahnhöfen Piazza Principe und Brignole und am Porto Antico (Piazza Caricamento). **Cooperative Radiotaxi Genova:** Tel. 010 59 66.

Fähre: s. u.

In der Umgebung

Pegli (▶ Karte 2, B 4): Im Vorort Pegli liegt die Parkvilla Pallavicini (1840) mit dem Archäologischen Museum. Ausgestellt sind prähistorische, altligurische, etruskische und römische Funde (Via Pallavicini 11, Di–Fr 9–19, Sa/So 10–19 Uhr). Nahebei zeigt das Schifffahrtsmuseum in der mit Fresken ausgemalten Villa Doria Centurione (16. Jh.) Seekarten, Galionsfiguren und nautisches Gerät (Museo Navale, Piazza Bonavino 7, Di–Fr 9–13, Sa/So 10–19 Uhr).

Boccadasse (▶ Karte 2, E 5): Der erste Vorort am östlichen Stadtrand Genuas wirkt mit seinen engen Gassen und den farbigen Häusern am Meer wie ein intaktes Fischerdorf mitten in der Großstadt.

Nervi (▶ Karte 2, F 5): Ganz im Osten Genuas erinnern noble Villen und Parks an die Zeit um 1900, als Nervi ein beliebter Winteraufenthaltsort der Upper Class war. Vom Hafen führt die Fußgängerpromenade Passegiata Anita Garibaldi über dem Felsufer zu zwei kleinen Parks mit exotischem Pflanzenbestand.

Bogliasco (▶ Karte 1, H 3):Etwa 3 km östlich von Nervi zeigt der Hafenort Bogliasco mit bunten Häuserzeilen und mittelalterlicher Flussbrücke noch das alte Bild eines Fischerdorfs.

Nach Pegli fährt man am schönsten mit der **Linienfähre Navebus.** Die Schiffspassage bietet eindrucksvolle Rückblicke auf die sich amphitheaterartig den Apennin hinaufziehende Stadt. Vorbei am alten Leuchtturm und den Kränen, Kais und Containerbergen des neuen Handelshafens erreicht man nach einer guten halben Stunde Pegli. Mo–Fr 4–7 x, Sa/So 2–4 x ab **Porto Antico** [2] (Acquario), 3 €.

Karte: ▶ Karte 2, D 3/4 | **Wanderung:** gut 3 Std., ca. 350 m Anstieg

Übergangslos grenzen die Wiesenkämme des Apennin an die Häuserschluchten Genuas. Düstere Festungsruinen besetzen die Höhenzüge. Zu Fuß oder per Mountainbike gelangt man hinauf zu den Forti di Genova im Parco della Mura.

Nostalgie ganz lebendig

Eine betagte Lokalbahn führt vom kleinen **Bahnhof an der Piazza Manin** ▮1▮ in Genua durch grüne Apenninlandschaft ins 25 km entfernte Casella. Die Strecke in Meterspur existiert seit 1929. Ratternd, quietschend und schaukelnd geht es in vielen Kurven über 280 Höhenmeter bergan. Als Pendlerstrecke hat der langsame Trenino – Höchstgeschwindigkeit 35 km/h – kaum noch Bedeutung. Heute nutzen ihn vor allem Ausflügler. Beim Haltepunkt **Pino** ▮2▮ beginnt die Wanderung ins Naturschutzgebiet Parco della Mura.

Im Parco della Mura

Von Pino folgt man dem Waldweg (rotes X) parallel zur Bahn und kreuzt am **Trensasco-Pass** die Straße. An der Bar **Baita del Diamante** ▮1▮ vorbei geht es auf einen ebenen Weg in der Ostflanke. Gut 15 Min. nach dem Pass, 150 m nach Rastbänken unter Bäumen, nimmt man rechts den schmaleren Pfad (rotes X). Auf dem gepflasterten Salzweg Via del Sale gelangt man in 5 Min. in den Einschnitt Passo del Giadino, wo es erneut rechts abgeht (rotes Dreieck). Der Pfad zieht sich nördlich zum Sattel Colle del Diamante hinauf. Ein Serpentinenweg klettert zum **Forte Diamante** ▮3▮ (1 Std. 30 Min., 667 m) hinauf. Die große Festung hoch über dem Land entstand 1758 als nördlichstes Bollwerk Genuas.

Zurück beim Colle del Diamante nimmt man den rechts vom Hauptweg nach Süden kräftig ansteigenden unmarkierten Pfad. Über eine Aussichtskuppe hinweg geht es zum **Forte Fratello Minore** 4 (620 m). Die ab 1747 erbaute Festung sicherte das Verteidigungssystem nach Nordwesten.

Etwa 50 m vor den Mauern biegt man scharf nach links auf den Panoramapfad in der Südflanke. Über den Kammweg hinweg geht es zum schön gelegenen **Forte Puin** 5 (597 m), das ab 1815 als Vorposten der Stadtmauer errichtet wurde. Unterhalb wandert man auf dem Kammweg rechts am **Castello Sperone** 6 vorbei (roter Kreis). Die ab dem 17. Jh. errichtete komplexe Festung an der Nordspitze der Mura Nuove spielte eine Schlüsselrolle im Verteidigungssystem. Etwa 5 Min. später geht es links durch ein Tor, dann – ohne Markierung – parallel zur Stadtmauer und auf einem Sträßchen hinauf zum Eingangstor mit dem Löwenwappen der Savoyer, dem Laufgraben und der Zugbrücke (2 Std. 30 Min.).

Hinter der Straßenkurve 50 m unterhalb zweigt man scharf nach links auf einen schönen Waldpfad ab, der zu einem Sträßchen abfällt. Auf Asphalt folgt man der Ostseite der Mura Nuove zu einer Wiesenbastion, wo sich eine weite Aussicht über das Bisagno-Tal hinweg zur flachen Festung Forte Ratti bietet. 100 m danach geht es durch eine Schranke nach links abwärts zum außen an der Mura Nuove verlaufenden Weg Via del Sale (rotes X). An den Resten des mittelalterlichen **Forte Castellaccio** 7 vorbei erreicht man die **Righi-Station** 8 (3 Std. 15 Min.).

Infos

Anfahrt: Mo–Fr 10 x, Sa/So 6 x mit der Casella-Schmalspurbahn ab der Kleinbahnstation Piazza Manin in Genua nach Pino; Bedarfshalt, dem Schaffner vorher Bescheid geben, Pino kommt nach Campi; Fahrzeit gut 20 Min., www.ferroviagenovacasella.it. Zur Piazza Manin fahren die Stadtbuslinien 33 ab Bhf. Brignole und 34 ab Bhf. Piazza Principe.
Rückfahrt: alle 15 Min. mit der Righi-Bahn.

Funicolare e ascensore

Die 1901 erbaute **Funicolare Zecca–Righi** überwindet auf 1,5 km beachtliche 279 Höhenmeter. Ende des 19. Jh. nahm die Bevölkerung Genuas rasch zu. Neue Viertel wuchsen die Hügel hinauf, die sich für die Straßenbahn manchmal als zu steil erwiesen. So baute man drei Standseilbahnen (funicolare) und zehn Aufzüge (ascensore), die das Zentrum bis heute mit hoch gelegenen Stadtbezirken verbinden.

Riviera delle Palme – von Genua bis Imperia

Albisola ► E 3/4

Der aus den Teilen Marina (am Meer) und Superiore (landeinwärts) bestehende Badeort bei Savona (11 300 Einw.) ist durch seine Porzellan- und Keramikmanufakturen berühmt geworden. Im 17. und 18. Jh. war er ein Keramikzentrum von europäischem Rang. Für einen Strandurlaub sind auch die Nachbarorte Celle Ligure und Varazze gut geeignet.

Passeggiata degli Artisti

Bekannte zeitgenössische Künstler – u. a. Lucio Fontana, Aligi Sassu, Asger Jorn – haben die Uferpromenade 1963 mit Keramikfliesen und -bildern geschmückt.

Museo Trucco

Corso Ferrari 191, Mitte Juni–Mitte Sept. Di–Sa 8.30–12.30, übrige Zeit Di/Do/Sa 8.30–12.30, Mi/Fr 14–18.30 Uhr, www. albissola.com/museotrucco.htm
In dem Keramikmuseum finden sich Werke aus der langen Tradition Albisolas als Töpferzentrum.

Villa Faraggiana

www.villafaraggiana.it, Mitte März–Mitte Okt. Di–So 15–18.15 Uhr, geführte Rundgänge 8 €, nur Garten 4 €
Der vornehme genuesische Palazzo mit Barockgarten zeigt innen altes Mobiliar und schönen Freskenschmuck.

Übernachten

Preiswert – **Doria:** Piazza Doria 6, Varazze, Tel. 019 93 01 01, www.hoteldo

riavarazze.it, DZ 50–70 €. Das Ein-Stern-Hotel am Westende der Altstadt von Varazze bietet freundlichen Service und einfache, saubere Zimmer.
Strandnah – **Splendor:** Via Repetto 108, Albisola Marina, Tel. 019 48 17 96, hotelsplendor@libero.it DZ ab 50 € (Winter) bis 100 € (Hochsaison). Familiär geführtes, gepflegtes 2-Sterne-Hotel in Ufernähe am westlichen Altstadtrand.

Essen und Trinken

In guter Familie – **La Familiare:** Piazza del Popolo 8, Albisola Marina, Tel. 019 48 94 80, Di–So, Menü 30–35 €. Wie der Name schon sagt: ein ›familiäres‹ Restaurant, zudem mit guter Fischküche. Lecker sind z. B. die Fisch-Ravioli und die Bandnudeln in Seeteufelsoße.
Kreative Küche – **Cavetto:** Piazza Santa Caterina 7, Varazze, Tel. 01 99 73 11, Di/Mi mittags geschl., Mitte Juni–Mitte Sept. nur abends, Menü 35–45 €. In diesem Lokal gibt es raffinierte Speisen wie die Kastanien-Gnocchi mit Castelmagno-Käse oder die Ente in Orangensoße.

Einkaufen

Kunsthandwerk aus Keramik – **Ceramiche San Giorgio:** Corso Matteotti 5, Tel. 019 48 27 47, www.ceramiche sangiorgio.com. Die Keramikwerkstatt mit 200-jähriger Tradition produziert die klassischen Modelle Albisolas. Ein weiterer Keramikladen mit langer Tradition ist die **Casa Fabbrica Giuseppe Mazzotti,** Viale Matteotti 29, Tel. 0 19

48 98 72, www.gmazzotti1903.it, bei-de Albisola Marina.

Sport und Aktivitäten

Baden – gute Sand- und Kiesstrände in **Albisola, Celle Ligure** und **Varazze.**
Surfen – im Meer vor **Varazze** können die Wellen bis 4 m Höhe erreichen!

Infos

Touristeninformation IAT: Piazza Lam, Albisola Marina, Tel. 01 94 00 25 25, albisola@inforiviera.it.
Bahn: alle 30–60 Min. nach Celle Ligure, Varazze, Genua und Savona.
Bus: häufig nach Savona sowie Celle Ligure/Varazze. Mehrmals tgl. nach Sassello.

In der Umgebung

Celle Ligure und **Varazze** (► F 3): Die Nachbarorte Albisolas besitzen hübsche historische Ortskerne. Mit langen Stränden und breitem Hotelangebot eignen sie sich gut für entspannte Badeferien.
Monte Beigua (► E/F 3): Intakte Naturlandschaften bietet das Küstengebirge des Monte Beigua (**direkt 4▶** S. 44).

Savona ► E 4

In der Ferienidylle der Riviera wirkt Savona wie eine Erinnerung an den Arbeitsalltag. In der Hafen- und Industriestadt (62 000 Einw.) stehen wenige alte Bauten zwischen den Gebäuden der Nachkriegszeit. Ästhetisch hat Savona keine besonderen Reize, dafür kann man hier italienisches ›Normalleben‹ studieren.

Priamar

Die massive Festung am alten Hafen wurde 1542 von den Genuesen errichtet. Im Park nebenan steht der hübsche, mit Keramiken verzierte **Pavillion Tempietto Boselli** (1786).

Oratorio del Cristo Risorto

*Via Paleocapa/Ecke Via Pia,
tgl. 16–18.30 Uhr*
Der Innenraum der 1604 errichteten Kirche ist mit einer schönen Rokoko-Stuckdekoration verziert, das geschnitzte Chorgestühl am Eingang (Ende 15. Jh.) stammt von einem unbekannten deutschen Künstler.

Kathedrale Piazza Duomo

*Capella Sistina, Mo 10–12, Di/Sa/So
10–12 u. 16–18 Uhr*
Die Hauptkirche Savonas entstand um 1600, die Fassade erst 1886. Hier gibt es wie in Rom eine ›Sixtinische Kapelle‹ (vom Kreuzgang aus zugänglich). Sie wurde Ende des 15. Jh. als Mausoleum für die Eltern des aus Savona stammenden Papstes Sixtus IV. geschaffen.

Übernachten

Jugendherberge – **Villa de'France-schini:** Via alla Stra' 29, Conca Verde, Tel. 019 26 32 22, www.ostello-de-franceschini.com, Mitte März–Mitte Okt., Ü/F im Mehrbettzimmer 16 €, DZ ohne Bad zu 38 €. Großer Neubau am Waldrand in 4 km Entfernung zum Zentrum, behindertengerecht.
Für Preisbewusste – **Savona:** Piazza del Popolo 53r, Tel./Fax 019 82 18 20, www.albergosavona.net, DZ 53–70 €. Ordentliches Zwei-Sterne-Hotel im Zentrum, einfache Einrichtung, freundlicher Empfang.
Gute Tradition – **Riviera Suisse:** Via Paleocapa 24, Tel. 019 85 08 53, www.rivierasuissehotel.com, DZ/F 60–95 €, im Winter 65 €. Alteingesessenes Drei-Sterne-Hotel in zentraler Lage, bei geöffneten Fenstern wird es laut!

Essen und Trinken

Allseits beliebt – **Vino e Farinata:** Via Pia 15r, kein Tel., Di–Sa, Pasta-Teller ab 5 €, Hauptgericht ab 7 €. ▷ S. 47

Karte: ▶ E/F 2/3 | **Rundtour mit dem Auto:** ab Varazze ca. 135 km

Westlich von Genua steigt der Apennin fast übergangslos vom Meer auf gut 1200 m Höhe an. Von den offenen Höhen bieten sich herliche Tiefblicke in den Golf von Savona, an sehr klaren Tagen sieht man Korsika und die Seealpen.

Als Parco del Beigua steht das einsame Bergland unter Naturschutz. Zum Meer hin bildet es felsig-karge Steilflanken, die sanfteren Nordhänge sind mit Kastanien-, Buchen- und Eichenwald bestockt – ein Paradies für Pilzsammler

und Wildschweinjäger. Dazwischen verläuft in 1000 bis 1200 m Höhe der von Wiesen und lichtem Gehölz bedeckte Hauptkamm. Eine Rundfahrt durch den Parco del Beigua, eventuell ergänzt um eine Wandertour, zeigt beschauliche, kaum je besuchte Orte und unberührte Mittelgebirgslandschaft.

Im Stura-Tal

Von **Varazze** 1 geht es zunächst am Meer entlang nach Voltri, von dort in die Hügel nach **Madonna dell'Acquasanta** 2 . Bei einer Heilquelle liegt hier ein Wallfahrtsheiligtum mit prachtvoller

Barockkirche. Eine schmale Landstraße führt über den Turchino-Pass (532 m) und Masone weiter ins hübsche **Campo Ligure** 3 im Tal der Stura. Eine mittelalterliche Brücke leitet über den Fluss in das kleine *centro storico* am Fuße des Castello Spinola (14. Jh.) – die kleine Genueserburg wirkt eher niedlich als wehrhaft. Campo Ligure ist bekannt für sein Filigrankunsthandwerk, bei dem hauchdünne Gold- und Silberfäden zu Schmuck verarbeitet werden. Schöne Stücke zeigt neben dem freskengeschmückten Rathauspalazzo das **Museo della Filigrana.**

Hinter der mittelalterlichen Flussbrücke von **Rossiglione** 4 verlässt eine Nebenstraße das Sturatal Richtung Tiglieto. 3 km nach dem Abzweig leitet ein Weg in das **Val Gargassa** 5 mit seinen schönen Felsformationen. Hinter Tiglieto steht in den Wiesen des Orba-Tales die bescheidene **Badia di Tiglieto** 6, das älteste Zisterzienserkloster Italiens. Vom Ursprungsbau von 1120 hat sich der Kapitelsaal mit romanischen Bögen erhalten. Nahe der Abtei schwingt sich eine weitere Brücke des Mittelalters über den Fluss.

Steinpilze und Mandeln
Durch Laubwälder gelangt man über San Pietro d'Olba, wo Nebenstraßen zum Gebirgskamm abzweigen (s. u.), in die beschauliche Kleinstadt **Sassello** 7 (2000 Einw.). Sie besitzt um die prachtvolle Pfarrkirche Santissima Trinità noch einen uralten alten Ortskern mit schönen Plätzen und Gassen. Die Besucher Sassellos haben jedoch eher Kulinarisches im Sinn. Der Mandellikör Amaretto di Sassello und die Amaretti di Sassello, sehr aromatisches traditionelles Mandelgebäck, sind überregional beliebt. Der Ort gilt zudem als Pilzhauptstadt Liguriens: Im Herbst werden überall frische Steinpilze aus den nahen

Wäldern verkauft. Auch die teuren Trüffel *(tartufi)* sind dann im Angebot.

Hoch über der Küste
Von **San Pietro d'Olba** 8 führen Bergstraßen über Piampaludo zum **Rifugio Pratorotondo** 1 (1110 m) und über Vara zum **Passo del Faiallo** 9 (1044 m). Von beiden Plätzen lässt sich eine leichte, auch ohne Karte zu findende Wandertour auf dem Hauptkamm starten: Vom Faiallo-Pass geht es durch lichten Wald auf den nahen **Monte Reixa** 10 (1183 m), von dort mit weiten Panoramen über den baumlosen Kamm nach Westen. Etwa 40 Min nach dem Monte Reixa, hinter einem Stallgebäude, leitet ein beschilderter Abzweig nach links auf den flachen **Monte Argentea** 11 (1082 m), von wo man ins schroffe Tal des Rio Lerca blickt.

Vom **Rifugio Pratorotondo** 1 führt der rot-weiß markierte Kammweg in 25 Min. östlich zum **Ressunou-Pass** 13 (1091 m). Von dort geht es in weiteren 25 Min. südöstlich auf den weit vorspringenden kahlen **Monte Rama** 14 (1150 m), einen der besten Aussichtsgipfel der Riviera.

Steile Pfade
Die spannendste **Wandertour** im Beigua-Naturpark führt von **Lerca** 15 oder **Schiva Ponte Arma** 16 nordöstlich von Varazze über die Ruine **Casa Carbunia** 12 und den **Bric-Ressunou-Pass** 13 auf den **Monte Rama** 14. Auf einem uralten, zum Teil mit groben Steinplatten belegten steilen Passweg erreicht man in gut 3 Std. den Gipfel (Markierung rote Punkte, rotes A in weißem Kreis). Für den Rückweg empfiehlt sich ab der Ruine Casa Carbunia die Route weiter östlich durch das schroffe, mit seinen rostbraunen Felsen entfernt an Korsika erinnernde Engtal des Wildbachs Rio Lerca (Markierung zwei rote Striche).

Riviera delle Palme

Die Tour ist anspruchsvoll und verlangt eine gewisse Trittsicherheit, ca. 1000 Höhenmeter sind auf abschnittsweise steinig-erodierten Pfaden zu überwinden. Dafür wird man mit wunderschönen Ausblicken belohnt.

Öffnungszeiten
Museo della Filigrana: Via della Giustizia 5, Campo Ligure, www.museofiligrana.org, Di–So 15.30–18, Sa/So auch 10.30–12 Uhr.

Einkehr
Rifugio Pratorotondo  **1** : Tel. 01 09 13 35 78, www.rifugiopratorotondo.it, Okt.–März Do–Mo, Menü ca. 26 €, DZ ohne Bad 50 €, im Mehrbettzimmer 18 €/ Pers. Berggasthof in 1098 m Höhe mit rustikaler Landküche, z. B. Pasta mit Wildschwein- oder Steinpilzsoße.
Albergo-Ristorante La Nuvola sul Mare **2** : Berghotel am Faiallo-Pass, einfach eingerichtete, aber recht komfortable DZ zu 50 €, gute Küche, Tel. 34 88 82 99 78, www.lanuvolasulmare.com.

Wandern
Passo del Faiallo–Monte Argentea: etwa 2 Std. 30 Min., leicht.
Pratorotondo–Monte Rama: etwa 1 Std. 45 Min., mittelschwer.
Lerca/Schiva Ponte Arma–Monte Rama: etwa 6 Std. 30 Min., anspruchsvoll.

Wanderkarte
Edizioni del Magistero, SV 1 Parco del Beigua, 1:25 000.

Hinkommen
Lerca und Schiva Ponte Arma sind auch mit dem **Bus** vom Bahnhof Cogoleto aus erreichbar; Fahrplan ersichtlich unter www.atpesercizio.it (Gruppo A, Ponente).

Im Beigua-Nationalpark ist man häufig ganz allein unterwegs

In dem volkstümlichen Lokal ist es fast immer voll, die regionalen Gerichte wie die traditionelle *farinata* (Kichererbsenfladen) werden hier in bester Tradition gekocht.

Originell – **Osteria Bacco:** Via Quarda Superiore 17r, Tel. 01 98 33 53 50, Mo–Sa, Menü 25–35 €. Das Lokal nahe beim Hafen ist originell eingerichtet: Die Wände sind fröhlich bemalt, an der Decke hängen Schiffsmodelle. Aus der Küche kommen gute Fischgerichte: Stockfisch, Schwertfisch, Tintenfisch, Nudeln mit Meeresfrüchten.

Einkaufen

Märkte – **Lebensmittelmarkt:** Mo–Sa in der Via Giuria. **Antiquitätenmarkt:** am ersten Wochenende des Monats auf der Piazza Chabrol.

Ausgehen

Musikclub – **Ju-Bamboo:** Via Famagosta 2, Tel. 39 33 30 46 14, Do–Sa 22–4 Uhr, www.ju-bamboo.it, Eintritt inkl. eines Getränks 12 €. Im beliebten Szenelokal finden häufig Livekonzerte statt.

Infos und Termine

Touristeninformation IAT: Via Paleocapa 76r, Tel. 01 98 40 23 21, savona@inforiviera.it.

Bahn: alle 30–60 Min. Regionalzug über Varazze nach Genua, etwa stdl. über Finale Ligure nach Albenga/Alassio sowie nach Turin; Intercity nach Mailand und San Remo/Ventimiglia. Der Bahnhof liegt 1,5 km außerhalb von Savona.

Bus: ab Piazza del Popolo halbstdl. nach Noli/Finale Ligure, alle 20 Min. (So alle 40 Min.) nach Albisola/Varazze, mehrmals tgl. nach Sassello.

Processione del Venerdì Santo: Berühmt ist die prunkvolle nächtliche Karfreitagsprozession. Sie findet alle zwei Jahre an geraden Jahreszahlen statt.

Noli ► E 4

Im mittelalterlichen Stadtkern mit seinen Gassen, Plätzen und alten Gebäuden kann man sich noch die Zeiten vorstellen, als die Kaufleute der Stadt (3500 Einw.) im gesamten Mittelmeerraum Handel trieben. Von 1193 bis 1797 war der kleine Ort eine selbstständige Republik. Auffallend sind, wie in Albenga (s. S. 56), die Geschlechtertürme, von denen es einst 72 gab – heute stehen noch acht. Doch nicht nur geschichtlich ist Noli interessant: Es bietet sich auch für einen ruhigen Badeurlaub an.

Portici della Repubblica

Piazza del Milite Ignoto
Der mittelalterliche Bogengang war früher zum Meer hin offen. Er diente als Treffpunkt der Einheimischen und Lagerplatz für Boote.

Palazzo del Comune

Corso Italia
Das Rathaus neben dem Stadttor Porta Piazza wird von einem hohen Turm aus dem 13. Jh. überragt.

San Paragorio

Via alla Stazione, Juli/August Mi–So 10–12.30, Fr–So 17–19 Uhr, übrige Zeit Di/Do–So 10–12.30, Sa/So 15–17 Uhr, www.museoarcheosavona.it
Die dreischiffige Kirche wurde im 11. Jh. errichtet, der romanische Glockenturm stammt aus dem 12. Jh. Die Kirche zeigt außen schöne farbige Majolika-Dekorationen. Im Innenraum sind vor allem ein bemaltes romanisches Kruzifix und eine Kanzel mit langobardischen Flechtbandornamenten interessant.

Übernachten

Im Centro storico – **Romeo:** Via C. Colombo 83, Tel. 019 74 89 73, ganzjährig, www.albergoromeo.it, DZ 55–70 €.

Finale Ligure

Sehenswert
1 Bogen der Margarethe von Österreich
2 San Giovanni Battista
3 Abtei Santa Maria di Pia

Übernachten
1 Ostello Wuillermin
2 Villa Giardino
3 Medusa
4 Eurocamping

Essen und Trinken
1 Alla Vecchia Maniera
2 Gnabbri

Das korrekte, einfache Hotel liegt in einer etwas dunklen Altstadtgasse. Mit Restaurant, s. u.

Am Meerufer – **Miramare:** Corso Italia 2, Tel. 019 74 89 26, www.hotel miramarenoli.it. DZ/ÜF 110–130 €. Komfortable Unterkunft in einer ehemaligen Festung an der Uferstraße. Die Zimmer nach vorn haben Balkon und Meerblick, sind aber nicht ganz ruhig.

Essen und Trinken

Gut und günstig – **Romeo:** Via C. Colombo 83, Tel. 019 74 89 73, März–Sept. tgl., Menü ab 20 €. Gute Hausmacherküche mit typischen regionalen Gerichten.

Feine Fischküche – **Italia:** Corso Italia 23, Tel. 019 74 89 71, Di–So, Menü ab 35 €. Hier gibt es vor allem gute Fisch-

gerichte, auch die Desserts sind empfehlenswert.

Einkaufen

Markt – **Wochenmarkt:** Do vormittags, Via Stazione und Piazzale Battisti.
Bäckerei – **La Crêpe di Ganduglia:** Via Colombo 61. Ausgezeichnete Kuchen.

Sport und Aktivitäten

Baden – langer **Sand- und Kiesstrand** direkt beim Ort.

Infos und Termine

Touristeninformation IAT: Corso Italia 8, Tel. 01 97 49 90 03, noli@infori viera.it.
Bus: halbstdl. nach Varigotti/Finale Ligure und Savona.

Einkaufen

1 Wochenmarkt
  Finale Marina
2 Wochenmarkt Finalborgo
3 Antiquitätenmarkt Finalborgo

Ausgehen

1 El Patio

Sport und Aktivitäten

1 Riviera Outdoor
2 Rockstore

Regata dei Rioni: 2. So im Sept. Ru-
derwettkampf, s. S. 20.

Finale Ligure ▶ E 4

Im hübschen Ortszentrum herrscht lebendige Stimmung, die Strände sind
vorzüglich und das Hinterland, das Finalese, ist wunderschön. Das alles
macht Finale Ligure (12 300 Einw.) zu
einem der attraktivsten Orte der Riviera
di Ponente. Trotz der vielen Touristen
schafft er es, ›typisch italienischen‹
Charakter zu bewahren.
    Finale Ligure besteht aus drei Teilen.
Finale Marina ist das Zentrum. Hier
findet man die meisten Hotels, Restaurants und Geschäfte, das Altstadtviertel
und den größten Strand.

Finalborgo, das 2 km landeinwärts
liegt, besitzt einen gut erhaltenen alten
Ortskern (**direkt 5** ▶ S. 51).
    Finalpia am östlichen Stadtrand hat
wie Finale Marina einen Strand und
mehrere Hotels, ist aber ruhiger als das
Zentrum.

Bogen der Margarethe von Österreich 1
Piazza Vittorio Emanuele II
Der monumentale Triumphbogen wur-
de 1666 anlässlich eines Besuchs der
spanischen Prinzessin und späteren
Kaiserin von Österreich erbaut.

San Giovanni Battista 2
Via Roma
Die Hauptkirche von Finale entstand
zwischen 1619 und 1675. Sie hat eine

schwungvolle Barockfassade und ein mit Holzintarsien verziertes Chorgestühl aus dem 18. Jh.

Abtei Santa Maria di Pia **3**

Piazza Abbazia, Finalpia
Die Klosterkirche geht auf das Mittelalter zurück, aus dieser Zeit blieb aber nur der Glockenturm erhalten. Die schönen Kreuzgänge stammen aus dem 16. Jh., die Kirchenfassade aus dem Rokoko.

Finalborgo, Perti, Valle Ponci

s. S. 51

Übernachten

Jugendherberge – **Ostello Wuillermin** **1**: Via G. Caviglia 46, Tel. 019 69 05 15, finaleligurehostel@libero.it, Mitte März–Mitte Okt., Ü/F im Schlafsaal ca. 15 €. Wunderschöne Lage in einer Burg über dem Ort, unbedingt reservieren!
Familiär – **Villa Giardino** **2**: Via Pertica 49, Tel. 019 69 28 15, giardinofi@libero.it, DZ/ÜF 50–70 €. Freundliche Pension mit einfach eingerichteten Zimmern, zentral, strandnah.
Am Lungomare – **Medusa** **3**: Vico Bricchieri 7, Tel. 019 69 25 45, www.medusahotel.it, DZ/ÜF 102–140 €, Halbpension 66–85 € im Standardzimmer. Das gut geführte Hotel an der Uferpromenade ist besonders beliebt bei Mountainbikern, Wanderern und Kletterern. Der Chef zieht selbst gern in die Natur und kann immer mit Tipps weiterhelfen.
Camping – **Eurocamping** **4**: Via Calvisio 36, Tel. 019 60 12 40, www.eurocampingcalvisio.it, je nach Saison und Stellplatz 22–60 €. Guter, schattiger Platz im Tal von Calvisio, mit Pool, 20 Gehminuten zum Strand; Bus ins Zentrum (Linie Finalborgo–Calvisio).

Essen und Trinken

Fisch und farinata – **Alla Vecchia Maniera** **1**: Via Roma 25, Tel. 019 69 25 62, Menü um 22 €, im Winter nur Do–So geöffnet. Das sympathische kleine Altstadtlokal bietet im Winter die traditionelle *farinata* (gerösteter Kichererbsenfladen). Im Sommer bleibt der Holzofen kalt, dann gibt es vor allem Fisch und Meeresfrüchte.
Im Kirchschatten – **Gnabbri** **2**: Via Polupice 5, Tel. 019 69 32 89, Di–So, außer So nur abends, Menü um 25 €. Zwei weiß gekalkte Räume mit weiß gedeckten Tischen, ein paar alte Fotos an den Wänden – das Ambiente wirkt geradlinig und solide, und genauso ist die Küche. Hausgemachte Spezialitäten sind u. a. Borretsch-Taglierini mit Pilzen und Gnocchi mit Artischocken.

Einkaufen

Märkte – **Wochenmärkte:** Do in **Finale Marina** **1**, Mo in **Finalborgo** **2**. **Antiquitätenmarkt** **3** in Finalborgo am 1. Wochenende des Monats.

Ausgehen

Direkt am Meer – **El Patio** **1**: Lungomare Italia 9, Tel. 019 60 33 12. Das musikalische Angebot der Diskothek ist breit, von Nachmittagen fürs reifere Publikum über Latin bis Rockmusik.

Sport und Aktivitäten

Baden – breite, für Kinder gut geeignete **Sandstrände** im Ort.
Wandern – Die schöne Felslandschaft des Finalese bietet sich für Wanderungen an. Viele **Wege** sind markiert.
Mountainbiken – Das Finalese ist ein beliebtes Terrain für Mountainbiker. Fahrradverleih und Tourenvorschläge bei **Riviera Outdoor** **1**: Piazza Garibaldi 18, Finalborgo, Tel. 01 96 89 80 24.
Klettern – Freeclimber schätzen die steilen Kalkfelsen des Finalese. Ausrüstung und Infos bei **Rockstore** **2**: Piazza Garibaldi 14, Finalborgo, Tel. 019 69 02 08, www.rockstore.it. ▷ S. 55

5 | Entdeckerland – Finalborgo und das Finalese

Karte: ▶ E 4 | **Wanderung:** Orco–Finalpia ca. 4 Std. 15 Min.

Das kleine Finalborgo ist fast vollständig im Stil des 15. Jh. erhalten. Ein Bummel durch die alten Gassen ist unbedingt empfehlenswert! Gleich hinter dem Ort beginnt das fast mystisch wirkende Hochland des Finalese, wo weiße Kalkfelsen aus dem Dunkelgrün der Steineichen aufragen.

Das mit mediterranem Buschwald bedeckte Karstland bietet spannende Wander- und Mountainbiketouren. Uralte Wege durchziehen das kleine Gebirge, das trotz geringer Höhen ein sehr bewegtes Landschaftsrelief zeigt. Die steilen Felsen ziehen Freeclimber aus ganz Europa an. Eine ungewöhnliche Flora und Fauna hat sich erhalten: seltene Mittelmeerpflanzen und die größte in Europa vorkommende Eidechse. Auch Zeugnisse steinzeitlicher Besiedlung und römische Brückenruinen lassen sich entdecken.

Alte Fassaden, gemütliche Plätze

Im Spätmittelalter war **Finalborgo** [1] das politische Zentrum der Gegend. Der 1449 von Genua zerstörte Ort wurde anschließend als Residenz der Markgrafen Del Carretto neu aufgebaut. Das vorzüglich erhaltene historische Stadtbild geht zum größten Teil auf das 15. Jh. zurück. In allen Ecken und Winkeln bietet Finalborgo reizvolle Ansichten.

Durch die **Porta Reale** betritt man das von alten Wehrmauern umgebene Zentrum. Gleich hinter dem Tor ragt der gotische Glockenturm der Pfarrkirche **San Biagio** empor. Ihr barock umgestalteter Innenraum ist grandios mit Gemälden und Skulpturen ausgeschmückt. Lebendiger Mittelpunkt von Finalborgo ist die gemütliche, von farbigen Fassaden gesäumte **Piazza Garibaldi.** Durch einen Torbogen erreicht man von hier die **Piazza Tribunale** mit dem Rokokobau Palazzo Arnaldi und

51

dem Palazzo del Tribunale, dessen Fassade Reliefs der vier Kardinaltugenden schmücken (15. Jh.). Von der Piazza Garibaldi führt die von kleinen Läden gesäumte Via Nicotera zur farbig bemalten **Porta Testa** (1452). Nahe beim Stadttor steht das Dominikanerkloster **Santa Caterina.** Die bis 1965 als Gefängnis missbrauchte Abteikirche, einst Grabstätte der Markgrafen, bewahrt einen schönen Freskenzyklus des 15. Jh. (Szenen aus dem Marienleben). Vom Renaissancekreuzgang aus betritt man das **Archäologische Museum** mit prähistorischen Funden aus den Grotten des Finalese (Steinwerkzeuge, Keramiken, Zeichnungen der Höhlenmenschen).

Kirchen und Festungen

Von der Piazza del Tribunale führt die gepflasterte Strada Baretta zur um 1640 von den Spaniern ausgebauten Festung **Castel San Giovanni** hoch über dem Ort. Weiter oben auf dem Hügel stehen die mächtigen Ruinen des **Castel Gavone 2**. Nach der Zerstörung durch die Genuesen 1449 ließen die Markgrafen Del Carretto sie neu errichten. Dabei entstand der eigentümliche, mit Steinspitzen verkleidete Diamantenturm.

Nördlich des Castel Gavone liegt das im Mittelalter wichtige **Perti 3**. Die Kirche **Sant'Eusebio** besteht aus einem barocken Gotteshaus und einem gotischen Teil mit romanischer Krypta (Schlüssel zur Kirche in der benachbarten Osteria). Auf schmaler Straße erreicht man zwischen Zypressen und Ölbäumen die Kirche **Nostra Signora di Loreto 4**, einen eleganten Renaissancebau im Stil Donato Bramantes. Nach Norden öffnet sich ein von Kalkfelsen gesäumtes grünes Tal. Wanderpfade führen hinauf auf die einsame Wiesenebene Pian Marino und zu den

im Wald verborgenen mittelalterlichen Ruinen des befestigten **Castrum Perticae 5** und der **Chiesa Sant'Antonio.**

Römische Ingenieurskunst

Nahe der Küste von Finalpia stehen im Flusstal Valle Ponci fünf antike Brückenruinen. Sie gehören zur Via Julia Augusta, einer von Rom um die Zeitenwende zwecks Umgehung des steilen Kaps von Noli angelegten Variante der Via Aurelia. Nur per pedes oder Mountainbike lässt sich das idyllische ›Tal der Brücken‹ erkunden. Vom Dorf Verzi aus führt ein mit roten Punkten markierter Weg talaufwärts. Die erste Römerbrücke **Ponte delle Fate 6** ist die am besten erhaltene. Hinter der dritten, der **Ponte delle Voze 7**, leitet ein Abzweig (Markierung zwei rote Quadrate) östlich aus dem Tal hinaus zur Häusergruppe La Grotta mit der steinzeitlichen Wohnhöhle **Arma delle Manie 8**.

Geheimnisvolle Orte

Die intakte Natur des Finalese erlebt man am intensivsten auf einer **Wanderung.** Eine schöne Tour folgt schmalen Wegen vom Bergdorf Orco nach Finalpia. Relikte frühzeitlicher Besiedlung steigern den Reiz dieses Gebiets, in dem man sich fernab der modernen Zivilisation fühlt.

Von **Orco 9** geht es 150 m zurück auf der Anfahrtsstraße, dann nach rechts in die kurz ansteigende Via Chiesa. Sie passiert ein Grundstück, senkt sich dann als Feldweg über einen Höhenrücken mit Olivenbäumen ins Dorf Costa, wo man die Orco-Straße kreuzt. Auf der Gasse links von der Häuserzeile gelangt man am Ortsende auf einen Graspfad (Markierung rotes Quadrat). Er verläuft an der Nordseite des Hügels mit dem mittelalterlichen Kirchlein **San Lorenzino 10**, zu der ein Linksabstecher hinaufleitet.

Steinritzungen und Kultplatz

Der Hauptpfad in der Hügelflanke führt zurück zur Costa-Straße, vor der man, links von einem Gebäude bleibend, einen breiten Weg einschlägt. Etwa 50 m weiter nimmt man mit der Markierung rechts einen alten Maultierpfad auf. Er gewinnt um die bewaldete Südostflanke des Kalkbergs Monte Cucco herum an Höhe. Aus dem Wald tretend gelangt man auf den Felsrücken **Ciappo delle Conche** 11 (1 Std.); in den Steinplatten lassen sich Rillen und einfachste Steinritzungen (Rauten, Kreuze) ausmachen, deren Alter und Bedeutung unklar sind. Von hier führt der Pfad westlich zu Tal, dann mehr südlich mit leichtem Auf und Ab im Steineichenwald zu einer Lichtung auf dem Kammrücken. Kurz danach taucht eine weitere Felsfläche mit Steinritzungen auf, der **Ciappo dei Ceci** 12 (1 Std. 30 Min.); das Land wirkt hier menschenleer, der Blick reicht bis zu den Ligurischen Alpen.

Den roten Quadraten nach gelangt man 10 Min. später auf einen Waldsattel, wo man nach links den mit roter Raute markierten Pfad nimmt. Er senkt sich über alte Wiesenterrassen, durchquert ein Wäldchen, passiert die Lichtung der **Casa del Vacchie** (Ruine). 250 m nach deren Ende, zurück im Wald, geht es rechts auf den mit drei roten Punkten markierten Pfad. Er führt über Felsstufen in gut 10 Min. auf ein durch einen Steinring eingegrenztes Grasoval, den **Camporotondo** 13, vermutlich ein Kultplatz der Bronzezeit (2 Std. 15 Min.).

Von den Ruinen bei der Höhle am Südende der kleinen Wiesenebene durchquert man 100 m nach rechts ein ebenes Waldstück zu einem durch rotes Dreieck mit Punkt markierten Querpfad. Er senkt sich mit einigen Kehren in ein bewaldetes Tal. Durch mediterranen Urwald gelangt man in einen dunklen Graben, dem man 5 Min. zwischen Fel-

Eleganz der Renaissance – Nostra Signora di Loreto bei Perti

sen und Höhlen talwärts folgt (Markierung nun roter Querbalken). Am Ende des Einschnitts (2 Std. 45 Min.) folgt man dem Pfad links unter die Steilwand des Monte Tolla, erreicht durch Olivengärten den romanischen Kirchturm von **Calvisio Vecchio** 14. Auf ebenem Fahrweg geht es von hier nördlich in die alte Häusergruppe **Lacrema** 15, in der man gleich hinter einem Bogen auf einen Pfad abzweigt. Er senkt sich in gut 10 Min. zur Talstraße (3 Std., Bushalt).

Blick aufs Meer

Hier nimmt man die gleich wieder aus dem Tal hinaussteigende Nebenstraße »Via Julia Augusta« (Hinweis zum Colle di Magnone, Markierung roter Punkt). Nach 3 Min. kürzt ein Pfad nach rechts eine Straßenkurve ab, nach weiteren 10 Min. geht man auf Asphalt nach rechts bis **Verzi** 16. Ein durch rote Rauten markierter breiter Weg verlässt das Dorf Richtung Küste. Gut 5 Min. nach Verzi geht es rechts bergan auf einen schmaleren Weg, 10 Min. danach erneut nach rechts. Der schöne Pfad verläuft mit Meerblick zwischen

Riviera delle Palme

Ginster und Olivenbäumen zum Weiler San Antonio (3 Std. 50 Min.). Vor der Kirche geht es nach rechts auf einen Betonweg, 100 m danach nach links auf einen gepflasterten Maultierweg zu einem Sträßchen. Dessen Kurven abschneidend erreicht man die Barockkirche von **Finalpia** 17 (4 Std. 15 Min.).

Öffnungszeiten

Museo Archeologico: Chiostri di S. Caterina, Finalborgo, www.museo archeofinale.it, Sept.–Juni Di–So 9–12, 14.30–17, Juli/Aug. Di–So 10–12,16–19 Uhr.

Bus

Von Finale Marina (Bahnhof) nach Orco tgl. um 10.25 und gegen 13 Uhr. Fahrplan (orario) im Internet unter www.tpllinea.it (Ponente, Linea 34).

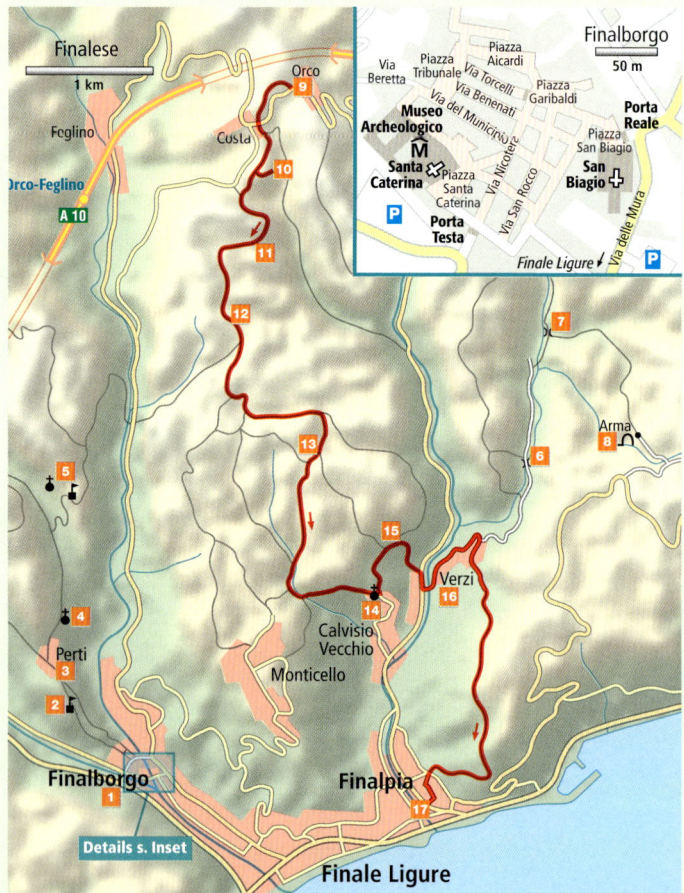

Infos

Touristeninformation IAT: Via San Pietro 14, Tel. 019 68 10 19, finaleligu
re@inforiviera.it.

Bahn: häufig nach Savona/Genua und Alassio/San Remo/Ventimiglia; Intercity nach Mailand.

Bus: halbstdl. über Albenga/Alassio nach Andora und über Varigotti/Noli nach Savona, innerstädtisch von Finalborgo über Finale Marina/Finalpia nach Calvisio.

In der Umgebung

Varigotti (► E 4): Ein besonders schönes Küstendorf zwischen Finale Ligure und Noli. Die Architektur der bunten Häuser am Meer ist vom maurischen Stil beeinflusst. Der lange Sandstrand zählt zu den besten Badeplätzen der Riviera.

Grotta di Valdimino (► E 4): Di–So geführte Rundgänge, vormittags um 9.30, 10.30, 11.30, nachmittags Okt.– Mai 15, 16, 17 Uhr, Juni–Sept. 15.20, 16.20, 17.20 Uhr, Dauer ca. 1 Std., www.grotte diborgio.it. Die große Tropfsteinhöhle am Ortsrand von Borgio-Verezzi ist besonders für Kinder eine Attraktion!

Albenga ► D 5

Im Mittelalter war Albenga eine wichtige Handels- und Hafenstadt. Das historische Stadtzentrum zeugt von der geschichtlichen Bedeutung (**direkt 6** S. 56). Heute lebt die geschäftige Kleinstadt vor allem vom Anbau und Handel mit Blumen, Obst und Gemüse. Das Strandleben spielt eine Nebenrolle.

Übernachten

Meerblick inklusive – **Sole Mare:** Lungomare Colombo 15, Tel. 018 25 18 17, www.albergosolemare.it, DZ/ÜF 85–110 €. Direkt am Meer gelegen, fast alle Zimmer mit Balkon. Die Räume sind in hellen Tönen eingerichtet.

Essen und Trinken

Gut und günstig – **Al Vecchio Mulino:** Via Torlaro 13, Tel. 018 25 36 32, Fr–Mi, Pizza ab 5 €, Festpreismenü 15 €, à la carte um 22 €. Die Pizza kommt knusprig aus dem Holzofen, aber auch die anderen Speisen sind empfehlenswert, besonders die Antipasti und Desserts.

Verfeinerte Hausmacherküche – **Sutta Cà:** Via Ernesto Ricci 10, Tel. 018 25 31 98, So und Do abends geschl., Menü um 24 €. Die kleine Altstadt-Trattoria bringt Gerichte der örtlichen Küche in bester Qualität auf den Tisch, darunter Spezialitäten wie die Borretsch-Ravioli oder Pasta mit köstlicher Walnuss-Soße.

Einkaufen

Markt – **Wochenmarkt:** Mi auf der Via Dalmazia.

Olive und mehr – **Museo Sommariva:** Porta Torlaro, Mo–Sa 8.30–12.30, 15–19 Uhr, www.oliosommariva.it. Olivenöl aus biologischem Anbau, Olivenseifen, Nudelsoßen (Pesto).

Sport und Aktivitäten

Baden – mittelmäßige **Sand- und Kiesstrände.**

Golf – **Golf Club Garlenda:** Via del Golf 7, Tel. 01 82 58 00 12, www.garlendagolf.it. Der schöne Platz (18 Löcher) findet sich 7 km westlich von Albenga in Garlenda.

Infos

Touristeninformation IAT: Piazza del Popolo, Tel. 01 82 55 84 44, alben ga@inforiviera.it

Bahn: häufig nach Genua und San Remo/Ventimiglia; Intercity nach Mailand.

Bus: alle 20 Min. nach Finale Ligure/Savona und Andora (dort Umstieg nach Imperia/San Remo), mehrmals tgl. nach Pieve di Teco und Zuccarello/Castelvecchio di Rocca Barbena. ▷ S. 58

Karte: ▶ D 5

In der lebendigen Kleinstadt blieb das mittelalterliche Ambiente des Centro storico geschlossen erhalten. Um den zentralen Domplatz erstreckt sich ein rechtwinkliges, noch auf die Römer zurückgehendes Netz alter Gassen und kleiner Plätze. Auffallend sind die kantigen Geschlechtertürme. Zwölf dieser mittelalterlichen Wehr- und Prestigebauten mächtiger Familienclans erheben sich noch heute über den Dächern der Altstadt.

Im Jahr 181 v. Chr. unterwarfen die Römer das ligurische Albium Ingaunum und gründeten im 1. Jh. v. Chr. die neue Stadt Albigaunum. Ab dem 11. Jh. erlebte Albenga eine Blütezeit. Seehandel und Handwerk florierten. Als *libero comune* (freie Stadtrepublik) verbünde-

te sich die Stadt mit Pisa und den deutschen Kaisern gegen das papsttreue Genua. Mit der Niederlage des letzten Stauferherrschers 1251 verlor Albenga seine politische Unabhängigkeit an die Genuesen. Die Verlandung des Handelshafens an der Centa-Mündung führte auch zum wirtschaftlichen Niedergang. Albenga musste den Seehandel aufgeben, seine Bewohner lebten ab dem 14. Jh. hauptsächlich von der Landwirtschaft.

Lebendige Mitte

Mittelpunkt der Altstadt ist die von Fußgängern belebte, gemütliche Piazza San Michele. An ihrer Ostseite steht die **Kathedrale** 1 . Der Bau aus dem 11. bis 13. Jh. verbindet Elemente verschiedener Epochen: die Reste einer mehr als 1000 Jahre alten Krypta, romanische Skulpturen, einen gotischen Glockenturm sowie barocke Ornamente. Neben-an blieb der **Palazzo Vecchio del Comune** 2, das ehemalige Rathaus, im Stil des 14. Jh. erhalten. Der 60 m hohe **Rathausturm** Torre del Comune, ursprünglich der Privatbau eines Adelsclans, ist der höchste Geschlechterturm der Stadt. Im Rathaus befindet sich das **Civico Museo Ingauno** (Städtische Museum) mit Funden aus prähistorischer und römischer Zeit.

Das **Museo Navale Romano** 3 an der Piazza San Michele präsentiert die Überreste eines untergegangenen, 1950 vor der Küste geborgenen römischen Frachtschiffs – auch Teile der Ladung, wie z. B. einige der mehr als 1000 Weinamphoren.

Frühchristliches Juwel

Das wahrscheinlich im 5. Jh. erbaute **Baptisterium** 4 im Schatten der Kathedrale zählt zu den ältesten christlichen Sakralbauten Norditaliens. Im achteckigen Innenraum der Taufkirche bilden antike Granitsäulen einen Umgang um das Becken für die Erwachsenentaufe. Besonders wertvoll ist ein farbiges frühchristliches Mosaik. Es zeigt das Christusmonogramm zwischen drei konzentrischen Kreisen – sie stehen für die Dreifaltigkeit – sowie zwölf Tauben (die Apostel) und zwei Lämmer. Darüber wölben sich Blumenranken und ein blauer Sternenhimmel,

Symbole des Paradieses. Sehenswert sind auch die feinen langobardischen Ornamente an den Fenstern und einem frühchristlichen Sarkophag.

Im Centro storico

Ein Rundgang durch das historische Zentrum führt über hübsche kleine Plätze und durch dunkle Gassen mit alten Fassaden. Neben dem Baptisterium steht der frühere Bischofspalast **Palazzo Vescovile** 5 mit dem **Museo Diocesano** (Diözesanmuseum). Es besitzt religiöse Kunstwerke, frühchristliche Inschriften, Sarkophage, liturgisches Gerät und flämische Wandteppiche des 16. Jh. Die reizvolle Piazzetta dei Leoni hinter der Kathedrale bildet ein stimmungsvolles Ensemble mit der Apsis der Kirche, den mittelalterlichen Häusern, dem Geschlechterturm Torre Costa und drei steinernen Renaissancelöwen. Mittelalterliche Häuser und Türme säumen die Via delle Medaglie d'Oro, bemerkenswert ist die schiefe **Torre Cepolla** 6 (bei Haus Nr. 25). Auch an der Via Ricci stehen viele historische Bauten (Nr. 2, 6, 16). Das private **Museo Sommariva** 1 neben der Porta Torlaro zeigt mit alten Pressen, Mahlsteinen und Werkzeugen traditionelle Techniken des Olivenanbaus. Das Sommariva-Olivenöl aus biologischem Anbau kann man hier auch kaufen.

Öffnungszeiten

Civico Museo Ingauno 2, **Museo Navale** 3, **Baptisterium** 4, **Museo Diocesano** 5: jeweils Di–So 10–12.30, 14.30–18, Mitte Juni–Mitte Sept. 9.30–12.30, 15.30–19.30 Uhr.
Museo Sommariva 1: Mo–Sa 8.30–12.30, 15–19, Uhr, weitere Infos s. auch S. 55.

Übernachten

Sole Mare 1: Lungomare Colombo 15. Optimale Lage direkt am Meer, ansprechende helle Einrichtung , s. S. 55

Essen und Trinken

In den beiden Restaurants **Al Vecchio Mulino** 1 und **Sutta Cà** 2 lässt es sich recht gut und günstig essen, s. S. 55.

Alassio

Sehenswert	Übernachten	Essen und Trinken
1 Sant'Ambrogio	**1** Fanny	**1** Osteria Mezzaluna
2 Muretto	**2** Badano sul Mare	**2** Panama
3 Santa Croce	**3** Ligure	
	4 Camping Monti e Mare	

Alassio ▶ D 5

Alassio ist der meistbesuchte Badeort der Riviera. Mit gutem Grund: Die Kleinstadt (11 300 Einw.) liegt in einer schönen Bucht, ein feinsandiger, breiter Strand zieht sich kilometerweit am Ufer entlang. Im Hochsommer ist der Andrang groß, doch die zahlreichen Hotels, Restaurants und Geschäfte sind auf die Besuchermassen eingestellt. Ruhiger ist die Nebensaison, dann kann man sich in den hübschen Gassen der Altstadt ohne Gedränge bewegen.

Sant'Ambrogio **1**
Piazza S. Ambrogio
Die Hauptkirche der Stadt hat ein schönes Renaissanceportal und einen prunkvoll geschmückten barocken Innenraum.

Muretto **2**
Via Dante, bei der Piazza della Libertà
An dem Steinmäuerchen haben prominente Gäste von Alassio ihren Namens-

zug verewigt – u. a. Ernest Hemingway, Louis Armstrong, Zarah Leander, Anita Ekberg und Jean Cocteau.

Santa Croce **3**
Capo S. Croce
Man erreicht die hübsche romanische Kirche (11. Jh.) vom Zentrum in einem knapp einstündigen Spaziergang. Sie steht in aussichtsreicher Lage auf einem kleinen Vorgebirge.

Übernachten
Seeluft inklusive – **Fanny** **1**: Vico Cantiere 9, Tel. 01 82 64 25 06, www.hotelfanny.com, DZ/ÜF 75–90 €. Die Matratzen sind zwar etwas weich, aber sonst ist in dem einfachen Strandhotel alles in Ordnung. Einige Zimmer mit Meerblick.

Vista Mare – **Badano sul Mare** **2**: Via Gramsci 36, Tel. 01 82 64 09 64, www.badano.com, DZ/ÜF 70–104 €. Familie Badano führt das 18-Zimmer-Hotel sehr liebevoll. Die kleinen, gepflegten Zimmer haben alle einen Bal-

Einkaufen
1 Balzola

Ausgehen
1 Zanzibar
2 Victorian Pub
3 Le Vele

Sport und Aktivitäten
1 Circolo Nautico al Mare
2 Scuola Sci Nautico
  ›La Scogliera‹

kon, einige auch mit Meerblick. Die Dachterrasse und ein eigener Strand sind weitere Vorzüge.

Palazzo am Meer – **Ligure 3**: Passeggiata Italia 25, Tel. 01 82 64 06 53, www.ligurealassio.it, DZ/ÜF je nach Zimmertyp 130–250 €. Das gut geführte, komfortable Vier-Sterne-Hotel liegt direkt am Ufer, für die Zimmer mit Meerblick zahlt man etwas mehr – aber es lohnt sich!

Camping – **Monti e Mare 4**: Via Giancardi 47, Tel. 01 82 64 30 36, www.campingmontiemare.it. Großer Platz in schöner Lage an der Küste zwischen Alassio und Albenga, mit eigenem Strand.

Essen und Trinken

Lockeres Ambiente – **Osteria Mezzaluna 1**: Vico Berno 6, Tel. 01 82 64 03 87, www.mezzalunaalassio.it, tgl. von 19 Uhr bis spät abends, Sa/So auch mittags; kleine Speisen ab 6 €, Nudelgerichte ab 9 €, Menüpreis 22–25 €. In dem gemütlichen Lokal herrscht immer Stimmung, häufig spielen Musikgruppen Oldies. Es gibt gute kleine Gerichte wie Salate, Crostini, Käse- und Wurstteller oder Schwertfisch-Carpaccio.

Mit Strandblick – **Panama 2**: Via Brennero 35, Tel. 01 82 64 60 52, im Winter Do–Di, Drei-Gänge-Menü mit Getränken 27 €. Im verglasten Speisesaal direkt am Strand kommt eine gute Regionalküche auf den Tisch: Fisch-Ravioli mit Butter und Thymian, mit Gemüse gefüllter Kaninchenrücken und andere Köstlichkeiten.

Einkaufen

Baci di Alassio – Kulinarische Spezialität des Ortes sind die ›Küsse von Alassio‹, ein Konfekt aus einer Haselnuss-Schokolade-Honig-Eiweißmasse. Kaufen kann man sie z. B. in der plüschigen Konditorei **Balzola 1** an der Piazza Matteotti mit einer Einrichtung aus der Zeit um 1900.

Ausgehen

In der Altstadt gibt es Musikclubs und Pubs.

Unter 30 – **Zanzibar** `1`: Via Vittorio Veneto 143, Tel. 01 82 64 34 72, 20–4 Uhr. Die Disco-Bar ist beliebt bei jungen Leuten unter 30.

Immer gut besucht – **Victorian Pub** `2`: Via Cavour, Di–So 20–5 Uhr. **Osteria Mezzaluna** `1`: s. Essen und Trinken.

Direkt am Meer – **Le Vele** `3`: Via Giancardi 46, Tel. 01 82 64 33 93, www.discotecalavele.it, Juni–Sept.

Sport und Aktivitäten

Baden – Der rund 3 km lange **Sandstrand** von Alassio hat den Ort berühmt gemacht. Wegen der flachen Ufer ist er für Kinder gut geeignet.

Segelschule – **Circolo Nautico al Mare** `1`: Jachthafen, Tel. 01 82 64 25 16, www.cnamalassio.it.

Wasserski – **Scuola Sci Nautico ›La Scoglier‹** `2`: Passeggiata Ciccione, Tel. 01 82 64 28 15.

Infos

Touristeninformation IAT: Via G. Mazzini 68, Tel. 01 82 64 70 27, www.inforiviera.it

Bahn: häufig nach Finale Ligure/Savona/Genua und San Remo/Ventimiglia; Intercity nach Mailand.

Bus: alle 20 Min. nach Albenga/Finale Ligure sowie Andora (dort Umstieg nach Imperia).

In der Umgebung

Ligurische Alpen (▶ D/C/B 4/5): Mittelalterliche Burgen, halbverlassene Dörfer, Höhlen und Schluchten – das Hinterland überrascht mit abwechslungsreichen Szenerien (**direkt 7|** ▶ S. 61).

Laigueglia ▶ D 5

In dem angenehmen kleinen Badeort (2500 Einw.) an der Bucht von Alassio geht es viel ruhiger zu als in dem berühmten Nachbarort, aber der feine ausgedehnte Sandstrand ist genauso schön und der alte Ortskern hat noch gut den Stil des früheren Fischerdorfs bewahrt.

San Matteo

Piazza San Matteo

Die Kirche aus dem 18. Jh. hat eine hübsche barocke Fassade und farbige Majolikakuppeln auf den Glockentürmen.

Übernachten

Sympathisch – **Villa Bianca:** Via Maglione 6, Tel. 01 82 69 00 74, www.hotelvillabianca.net, DZ/ÜF 70–100 €. Die angenehme Pension, strandnah im Viertel hinter dem Bahnhof gelegen, wird von einer freundlichen Familie geleitet.

Piniendüfte – **Mediterraneo:** Via A. Doria 18, Tel. 01 82 69 02 40, www.hotelmedit.it, DZ/ÜF um 110 €. Gutes Drei-Sterne-Hotel in ruhiger Lage am Waldrand jenseits der Bahnlinie. Zum Strand sind es nur fünf Minuten.

Essen und Trinken

Süßes auf der Piazza – **Caffé Albatros:** Piazza Cavour 1, Do–Di. Die appetitlichen Kuchen kommen aus der Backstube gleich hinter der Bar. Es gibt auch gutes hausgemachtes Eis. Man sitzt gemütlich auf der Piazza.

Ausgehen

Disco am Meer – **La Suerte:** Via Roma 115, Tel. 01 82 69 91 36, www.lasuerte.it, Juni–Sept., Mo, Mi geschl. Wo immer man zwischen Imperia und Finale nach einer Disco fragt – die Antwort ›La Suerte‹ kommt bestimmt. In der Saison ist es meist gedrängt voll. Besonders attraktiv: die Tanzfläche am Meer unter freiem Himmel; Publikum bis etwa 35 Jahre. ▷ S. 64

7 | Burgen und alte Dörfer – Ausflug in die Alpi Liguri

Karte: ▶ C/D 4/5 | **Routenverlauf:** Die ca. 170 km lange Strecke folgt kurvenreichen, schmalen Bergstraßen. Autoverleih in Alassio (Hertz).

Nur einen Steinwurf von der betriebsamen Palmenriviera entfernt beginnen die einsamen Berglandschaften der Ligurischen Alpen. Um die Flusstäler von Varatella, Neva, Pennavaira, Tanarello und Arroscia findet man die landschaftliche Harmonie wieder, die an der dicht bebauten Küste unwiderruflich verlorenging.

Das Hinterland der Riviera zeigt höchst abwechslungsreiche Landschaftsbilder: Silbrig glänzende Olivenhaine wechseln mit lichten Bergweiden und schattigen Wäldern, über tiefen Tälern erheben sich steile Kalkwände. In den verwinkelten Dörfern scheint die Zeit stehen geblieben zu sein. Wanderern bieten sich Touren zu markanten Aussichtsgipfeln. Auch kulinarisch ist die Region erfreulich: Im Hinterland isst man preiswert und gut.

Im Bauch des Berges

Bei Toirano nördlich von Albenga ragen steile Felsen auf, letzte Ausläufer der Kalkalpen. Das Dolomitmassiv durchzieht das verzweigte, teilweise begehbare Höhlensystem der **Grotte di Toirano** 1. Bei einer Führung sieht man bizarre Tropfsteingebilde, kleine Grottenseen, außerdem die 12 000 Jahre alten Fußspuren von Höhlenmenschen und Knochen der riesigen, fast 3 m großen Höhlenbären. Für Kinder ist die Höhlenerkundung besonders spannend.

Burgen und Dörfer des Mittelalters

In **Balestrino** 2 thront die noch bewohnte Burg der Del Carretto (16. Jh.) über den Dächern, unterhalb verfällt das nach einem Erdrutsch aufgegebene mittelalterliche Dorf. Das malerische **Castelvecchio di Rocca Barbena** 3 wurde von Neusiedlern liebevoll restauriert, mit engen Gassen, Bögen und

Übrigens: Der **Monte Saccarello** war Lebensraum der kleinsten Minderheit der Alpen. Das Wanderhirtenvolk der Brigasker lebte vom heute nicht mehr lohnenden Verkauf von Schafwolle. Ihre okzitanische Sprache und Kultur wird neuerdings wieder gepflegt (www.vastera.it).

Treppenwegen duckt es sich unter die Burg der Clavesana, die im 13. Jh. von hier aus weite Teile Liguriens beherrschten. Das benachbarte **Zuccarello** 4 baute der Adelsclan zu einem Festungsort aus. Die Hauptgasse säumen Arkaden, eine alte Steinbrücke schwingt sich über die Neva. Ein Pflastersteig führt zur Ruine der Clavesana-Burg hoch über dem Tal. Bei **Conscente** 5 mit einer Burg aus dem 15. Jh. gelangt man ins von Steilfelsen überragte Valle Pennavaira. Auferstanden aus Ruinen ist hier das zukunftsweisende ›Internetdorf‹ **Colletta di Castelbianco** 6, wo in restaurierten alten Steinhäusern Freiberufler unter Nutzung modernster Telekommunikation aktiv sind.

Alpen im Abseits
Durch das Pennavaira-Tal gelangt man tiefer in die entvölkerten Alpi Liguri. Das kleine **Nasino** duckt sich zwischen Oliven- und Gemüsegärten unter die Steilwand des Castell 'Ermo (1092 m). Beim Burgort **Alto** 7 durchfließt der Pennavaira ein Engtal mit Wasserfällen und Höhlen, Siedlungsplätze der Bronzezeit. Über den Caprauna-Pass (1379 m) geht es in das von steilen Dolomitwänden begleitete Tal des Tanarello, wo in der **Fascette-Schlucht** 8 im Frühjahr unterirdische Wasserläufe aus einem riesigen Karsthöhlensystem hervorbrechen. Von **Carnino Superiore** 9, einem Bergweiler mit traditionellen Alphäu-

sern, leitet ein Steig hinauf in die Bergwüste am Monte Marguareis (2651 m).

Durch die einsamen Kiefern- und Lärchenwälder des Monte Saccarello (2201m) erreicht man über Upega und Piagge das kleine Mendatica im oberen Arroscia-Tal. Bei der Kapelle Santa Margherita d'Antiochia, die mit Renaissancefresken ausgemalt ist, beginnt der einstündige Weg zum rauschenden Wasserfall **Cascate d'Arroscia** 10.

Ölbaumland
Im Arroscia-Tal mit seinen Gemüse-, Wein- und Olivengärten wird es wieder mediterran. Den Hauptort **Pieve di Teco** 11 durchzieht der Corso Ponzoni, wo sich gemütliche Bars und kleine Geschäfte aneinanderreihen. Die große Kirche San Giovanni Battista (um 1800) zeugt von der einstigen Bedeutung des Ortes am Schnittpunkt mehrerer Salzstraßen. Hinter **Borghetto d'Arroscia** 12 steht die mit Renaissancefresken geschmückte Kirche San Pantaleo an der Talstraße. Danach lohnt der Umweg über Aquila di Arroscia, Onzo und Arnasco. Die am Südhang des **Castell'Ermo** 2 entlangkurvende Straße eröffnet prächtige Fernsichten. In den Dörfern wird in kleinen Ölmühlen hervorragendes Olivenöl produziert.

Infos und Öffnungszeiten
Grotte di Toirano [1]: www.toirano grotte.it, tgl. 9.30–12.30, 14–17 Uhr, 10 €.

Wo man gut schläft
Albergo Scola [1]: Via Pennavaíra 166, bei Castelbianco, Tel. 018 27 70 15, www.scolarist.it, DZ/ÜF 80 €. Angenehme, gepflegte Unterkunft.
Albergo dell'Angelo [2]: Piazza Carenzi 11, Pieve di Teco, Tel. 018 33 62 40, DZ ab 70 €. Seit 1796 existiert das einfach-sympatische Albergo,einige Zimmer haben noch das alte Mobiliar.
Al Sole [3]: Via Salino 4, Aquila d'Arroscia, Tel. 01 83 38 20 93, www.albergoalsole.it, DZ/ÜF 50–60 €, Halbpension 40–45 €, gute, preiswerte Küche. Einfach ausgestattete Zimmer mit Sonnenbalkon und Talblick.

Im Reich der Antipasti
In den Trattorien des Hinterlandes werden häufig bis zu zwölf Gänge kleiner, oft raffinierter Antipasti-Kreationen aufgetischt: Gemüsetorten, Suppen, Waldpilze, hausgemachte Pasta, Meeresfrüchte, Weinbergschnecken usw. Für den Hauptgang hat man danach oft keine Reserven mehr.

La Greppia [1]: Via Lucifredi 9, Balestrino, Tel. 01 82 98 80 20, Di–So, Menü ca. 24 €. Dorf-Trattoria mit reichhaltigem Menü.
La Baita [2]: Gazzo d'Arroscia, Tel. 018 33 10 83, Mo–Fr. Neben dem Degustationsmenü zu 40 € gibt es hier für schwache Mägen ein normales Drei-Gänge-Menü zu 26 € (jeweils inkl. Getränken).

Feines Olivenöl
Renzo Bronda [1]: Ortsteil Cantone Nr. 9, Vendone, Tel. 018 27 62 53, www.oliosalvo.it. Bei Familie Bronda im Arroscia-Tal gibt es erstklassiges Olivenöl aus biologischem Anbau, außerdem auch die aromatischen kleinen Taggiasca-Oliven sowie eingelegte Tomaten, Pilze und Artischocken – alles sehr wohlschmeckend.

Wandern
Lohnende Ziele sind die **Rocca Barbena** [1] (1142 m) nördlich von Toirano, der **Castell'Ermo** [2] (1092 m) bei Onzo und der **Monte Armetta** [3] (1738 m) bei Alto. Alle drei Berggipfel bieten herrliche Alpenpanoramen. (Wegbeschreibungen im DuMont Wanderführer »Ligurien«, s. S. 25).

Hinreißende Lage am Meer: Cervo

Sport und Aktivitäten

Baden – breite, feinsandige **Strände** im Ort.

Infos und Termine

Touristeninformation IAT: Via Roma 2 (Bahnhof), Tel. 01 82 69 00 59, www. inforiviera.it, nur in der Saison geöffnet.
Bahn: werktags 8 x, So 4 x nach Genua und San Remo/Ventimiglia.
Bus: alle 20 Min. nach Alassio/Savona sowie nach Andora (dort Umstieg nach Imperia).
Festa di San Matteo: 21. Sept. Große Prozession zu Ehren des Ortsheiligen San Matteo.

In der Umgebung

Colla Micheri (▶ D 6): Der winzige Ort in den Hügeln über Laigueglia verbindet ländliche Ruhe mit herrlichen Meerpanoramen.
Castello di Andora (▶ D 6): Das Dorf zeigt mit der Kirche Santi Giacomo e Filippo und einem Wehrturm gut erhaltenes Mittelalter.

Cervo ▶ D 6

Cervo (1300 Einw.) ist der fotogenste Küstenort der Riviera di Ponente. Direkt am Meer ziehen sich weiße Häuser dicht aneinandergedrängt einen Hügel empor. Am höchsten Punkt ragen der Turm und die geschwungene Fassade der Barockkirche San Giovanni Battista in den Himmel. Aus engen Gassen und Treppenwegen eröffnen sich herrliche Aussichten.

San Giovanni Battista
Piazza della Chiesa
Die spätbarocke Fassade ist reich mit Stuckornamenten verziert. Der Turm entstand gegen Ende des 18. Jh. Auch im Innenraum beeindruckt eine originelle Stuckdekoration.

Museo Etnografico
Piazza Castello, Mo–Fr 9.15–12.30, 14–18, Sa/So 9.30–12, 15–18 Uhr
Das Heimatmuseum in der Burg zeigt die traditionellen Arbeits- und Lebensformen mit Gebrauchsgegenständen, Zeichnungen und Nachbildungen von Werkstätten. Eine besondere Rolle kommt dabei dem Korallenfang zu, der in Cervo lange Zeit große Bedeutung besaß.

Übernachten
Schöne Aussicht – **Bellavista:** Piazza Castello 2, Tel. 01 83 40 80 94, DZ/ÜF 80–100 €. Das Ein-Stern-Hotel mit nur 6 einfach eingerichteten Zimmern ist die einzige Unterkunft im alten Ortskern; Panoramaterrasse mit Küstenblick.

Sport und Aktivitäten
Baden – kleiner **Kiesstrand** unterhalb des Ortes.

Infos und Termine
Touristeninformation Pro Loco: Piazza S. Caterina 2 (Burgmuseum), Tel.

01 83 40 81 97, infocervo@rivieradei
fiori.org.

Bahn: einige wenige Verbindungen
nach Genua und San Remo/Ventimig-
lia.

Bus: halbstdl. nach Imperia/San Remo
und nach Andora (dort Umstieg nach
Alassio/Savona).

**Internationales Kammermusikfes-
tival:** Juli/Aug. Auftritt bekannter En-
sembles.

Internationale Sommerakademie:
Sept. Junge Pianisten kommen zu Meis-
terkursen und Konzerten nach Cervo.

Diano Marina ▶ D 6

Wegen seiner breiten Sandstrände gehört Diano Marina (7000 Einw.) zu den
meistbesuchten Urlaubsorten der Riviera. Baden ist hier eindeutig die Haupt-
beschäftigung. Der Ort selbst hat keine
historischen Reize; nach einem Erdbeben entstand er Ende des 19. Jh. vollständig neu.

Übernachten

Familienhotel im Grünen – **Liliana:**
Via Diano Calderina 29, Ortsteil Diano
Serreta, Tel. 01 83 49 47 43, www.
hotel-liliana.com, DZ/ÜF je nach Saison
70–110 €, Halbpension 50–70 € p.P.
Das Hotel bietet zahlreiche Sport- und
Spielmöglichkeiten für Kinder. Es liegt
idyllisch inmitten von Olivenhainen und
ist nur 4 km vom Meer entfernt. Die
Zimmer sind nicht groß, aber normaler-
weise sind die Gäste sowieso unterwegs: im Schwimmbad, an der Boccia-
bahn, den Tischtennisplatten, am Kin-
derspielplatz oder im Fitnessraum.

Badefreuden – **Gabriella:** Via dei Ge-
rani 9, Tel. 01 83 40 31 31, www.hotel
gabriella.com, DZ/ÜF je nach Ausstattung und Saison 100–200 €. Das große
Hotel direkt am Meer ist seit 40 Jahren
im Besitz derselben Familie. Schwimmbad und eigener Strand, Fahrradverleih
gratis. Gut geeignet für Familien mit
Kindern.

Einkaufen

Markt – großer **Wochenmarkt** am Di
auf der Piazza Giovanni XXIII.

Ausgehen

Latin – **Tango Club:** Molo Landini, Tel.
01 83 40 73 25. In der beliebten Disco
wird lateinamerikanische Musik ge-
spielt.

Sport und Aktivitäten

Baden – Die ausgedehnten, breiten
Sandstrände sind für Kinder optimal.

Infos und Termine

Touristeninformation IAT: Corso
Garibaldi 60 (Palazzo del Parco), Tel. 01
83 49 69 56, infodianomarina@visitri
vieradeifiori.it.

Bahn: häufig nach Alassio/Savona/Ge-
nua und San Remo/Ventimiglia; Intercity nach Mailand.

Bus: halbstdl. nach Imperia/San Remo
sowie Andora (dort Umstieg nach Alassio).

Infiorata: Zum Fronleichnamsfest wird
um die Piazza Martiri della Libertà ein
riesiger Blütenteppich ausgelegt.

In der Umgebung

Diano Castello (▶ C 6): Das 3 km
landeinwärts gelegene Städtchen wurde im 10. Jh. zur Sarazenenabwehr gegründet und war einst der Hauptort der
Gegend. Im alten Ortskern stehen die
reich geschmückte Barockkirche San
Nicolo di Bari, die mittelalterlichen
Chiesa Santa Maria Assunta mit einer
Altartafel von Ludovico Brea (15. Jh.)
und die Taufkirche San Giovanni Battista (11. Jh.) mit bemalter Holzdecke
(15. Jh.).

Riviera dei Fiori – von Imperia bis Ventimiglia

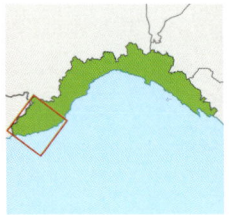

Imperia ▶ C 6

Imperia (40 500 Einw.) besteht aus der auf einem Hügel gelegenen Altstadt Porto Maurizio und dem geschäftigen Hafenquartier Oneglia. Erst 1923 wurden die beiden Orte zusammengelegt. Porto Maurizio ist die historische Altstadt. Sie wirkt mit ihren Treppengassen, Torbögen und bunten Häusern stellenweise sehr malerisch. Unterhalb davon, im Ortsteil Borgo Marina beim Jachthafen, spielt sich das Bade- und Nachtleben ab. Das modernere Oneglia wird durch den Handelshafen und durch die Lebensmittelindustrie (Nudeln und Olivenöl) geprägt. Die zentrale Piazza Dante säumen Einkaufsarkaden vom Ende des 19. Jh. Im Hafenviertel findet man vorzügliche Fischlokale.

Dom San Maurizio
Piazza del Duomo
Die größte Kirche Liguriens entstand Ende des 18. Jh. Die Bauzeit betrug nicht weniger als 57 Jahre. Ihre gewaltige Kuppel beherrscht das Bild der Altstadt.

San Pietro
Piazza San Pietro
Die Kirche im Altstadtviertel Parasio hat eine elegant geschwungene spätbarocke Fassade. Vom Kirchplatz genießt man schöne Blicke auf das Meer.

Museo dell'Olivo
`direkt 8|` ▶ S. 67

Übernachten

Familiär und freundlich – **Al Porto:** Via Privata Rambaldi 13, Borgo Marina, Tel. 018 36 49 67, DZ ohne Bad ab 36 €, mit Bad ab 48 €. Das einfache, aber korrekte Haus nahe beim Jachthafen wird engagiert geführt und ist sehr ordentlich. Die Bäder sind klein, die meisten Zimmer aber relativ geräumig.

Blick aufs Wasser – **Corallo:** Corso Garibaldi 29, Borgo Marina, Tel. 01 83 66 62 64, www.coralloimperia.it, DZ/ÜF 90–140 €. Komfortables Hotel unterhalb der Altstadt, alle Zimmer haben Meerblick. Ein besonderer Vorzug ist die Gartenterrasse.

Essen und Trinken

Mammas Fischküche – **Beppa:** Calata Cuneo 49, Oneglia (am Hafen), Mi–Mo mittags, Tel. 01 83 29 42 86, Menü ab ca. 25 €. In der beliebten, einfach eingerichteten Hafen-Trattoria herrscht lockere Stimmung. Es gibt typisch ligurische Fischgerichte wie *brandacujun* (Stockfisch mit Kartoffeln).

Ganz oben – **Osteria dell'Olio Grosso:** Piazza Parasio 36, Tel. 0 18 36 08 15, abends ab 19.30, Do–Di, Menü ab 28 €, mit Fisch ab 35 €. Das gemütliche kleine Speiselokal am höchsten Punkt der Altstadt von Porto Maurizio ist bei den Einheimischen beliebt – Reservierung empfohlen!

Traditionscafé – **Pasticceria Piccardo:** Piazza Dante 1. Das gemütlich-altmodische Café am von Arkaden gesäumten Hauptplatz von ▷ S. 70

8 | Im Reich des Olivenbaums – die Täler von Imperia

Karte: ▶ C 6 | **Route:** Die beschriebene Strecke ist mit Abstechern ca. 55 km lang. Für trainierte Fahrer ist sie auch mit dem Fahrrad machbar.

Überall in Ligurien gedeihen Ölbaumkulturen, doch besonders eine Gegend wird besonders davon geprägt: die sanft ansteigenden Flusstäler im Hinterland von Imperia. Hier bedecken bis auf 500 m Höhe rund eine Million Ölbäume weitflächig die Hänge. In vielen Dörfern betreiben einer oder mehrere Bauern eigene Ölmühlen.

Die klimatischen Bedingungen für den Olivenanbau sind hier besonders günstig. Ölbäume wachsen am besten in sonnigen Lagen; extreme Trockenheit, Nebel und Frost tun ihnen nicht gut. Davor sind sie in diesen Tälern geschützt, denn die Berge im Norden halten kalte Winde ab und das nahe Meer sorgt für ausgeglichene Temperaturen. Seit Jahrhunderten werden daher im Hinterland von Imperia Oliven kultiviert. In mühseliger Handarbeit wurden die Hügel mit Trockensteinmauern terrassiert, um den Abfluss des Regenwassers und das Abrutschen der Anbauflächen zu verhindern.

Im Museo dell'Olivo

Ein Besuch im **Olivenmuseum** in **Imperia** 1 ist die beste Vorbereitung für eine Fahrt durch das Anbaugebiet. In der ungewöhnlichen Sammlung kann man sich umfassend über Geschichte und Techniken der Ölherstellung informieren. Man sieht z. B. antike Ölamphoren, alte Werkzeuge, Rekonstruktio-

67

Die alte Brücke verbindet Dolcedo, den Hauptort des Prino-Tals, mit dem Hinterland

nen traditioneller Ölmühlen mit Holz-
zahnrädern und massiven Mahlsteinen,
Öllampen aus aller Welt, Schautafeln
zur Ölproduktion und zum Landschafts-
bau mit Trockenmauern. Ein Film schildert – auch auf Deutsch – sämtliche As-
pekte des Olivenanbaus.

Das ligurische Olivenöl unterscheidet
sich von den Ölen aus der Toscana und
Umbrien durch sein feineres, weniger in-
tensives Aroma. Es wird aus den kleinen
Taggiasca-Oliven hergestellt, die ihren
Namen vom Ort Taggia haben. Die Olivenernte findet meist zwischen November und Januar statt. Nach der Ernte
werden die Früchte zunächst zermahlen
und danach ausgepresst. Das scho-
nendste Verfahren ist die Kaltpressung.
Beim Zentrifugieren gehen dagegen Ge-
schmacks- und Nährstoffe verloren,
denn die Ölmasse wird dabei erhitzt und
mit warmem Wasser vermischt.

> **Übrigens:** Die Trockenmauern
> (*muretti a secco*) sollen allein in
> Ligurien 220 000 km lang sein!

Olivenhaine und moderne Fresken

Wenige Kilometer nordwestlich von
Imperia erreicht man **Dolcedo** 2, den
Hauptort des Prino-Tals. Unübersehbar
ist die markante, 1292 errichtete Flussbrücke Ponte Grande im Schatten der
großen Barockkirche San Tommasio.
Den intimen Kirchplatz betritt man
durch die mittelalterliche Loggia del
Comune. Nicht ganz so alt, aber ein
traditionsreicher Familienbetrieb ist die
Firma **Giuseppe Ghiglione** 1. Hier
erhält man zu günstigen Preisen gutes
Olivenöl; gern zeigen die stolzen Besitzer ihre hochmoderne Produktions-
anlage.

Einige Kilometer talaufwärts führt
beim ehemaligen Mühlenort **Molini di
Prelà** 3 eine mittelalterliche Brücke
über den Prino. Durch ein Seitental gelangt man in das hoch gelegene Dorf
Valloria 4. Es bietet ein überraschen-
des Bild: Seit 1994 hat sich die mittelalterliche Ortschaft zu einer Art Freilichtmuseum zeitgenössischer Kunst
entwickelt. Rund 60 Haustüren des Ortes sind mit Gemälden, Stillleben, Na-

turmotiven und abstrakten Kompositionen geschmückt, die z. T. von bekannten ligurischen Künstlern geschaffen wurden.

Panoramastraßen

Zwischen Molini und Vasia erstreckt sich eine besonders schöne Landschaft: Ölbaumhaine, wohin man blickt. Dazwischen schimmert in der Ferne das Meer. Das kurvenreiche Sträßchen fordert allerdings Aufmerksamkeit! In **Vasia 5** heißt das Dorfrestaurant – wie könnte es anders sein? – **Trattoria dell'Olivo 1** . Öl, Wein und Gemüse stammen aus eigenem Anbau, und bei der Besitzerfamilie kann man das hauseigene Öl in Fünf-Liter-Kanistern erwerben – auch wenn das Lokal gerade geschlossen ist.

Von Vasia führt eine schmale Straße nach Süden ins Caramagna-Tal. Vor Imperia lohnt der Abstecher hinauf zur gotischen Wallfahrtskirche **Nostra Signora delle Grazie 6** beim Dorf Montegrazie. Sie steht einsam hoch am Hang über einem Meer grüner Olivenhügel. Der Innenraum bewahrt einen farbenfrohen Freskenzyklus des späten 15. Jh. Nebenan bietet das **Ristorante Al Santuario 2** hervorragende Küche in gemütlichem Ambiente.

Reisezeit

Die Landschaft wirkt am schönsten zwischen April und Juni. Im Herbst und gegen Jahresende, vor der Olivenernte, ist bei vielen Ölbauern das Olivenöl ausverkauft.

Öffnungszeit

Museo dell'Olivo: Via Garessio 13, hinter dem Bahnhof in Oneglia auf dem Gelände der Firma Fratelli Carli, Mo–Sa 9–12.30 u. 15–18.30 Uhr, im November geschlossen, 5 €, www.museodellolivo.com.

Einkehren

Trattoria dell'Olivo 1 : Via Case Martini 4, Vasia, Tel. 01 83 28 21 01, Di–So. Gute Landküche zu gemäßigten Preisen.

Ristorante Al Santuario 2 : Montegrazie, Tel. 018 36 91 92, Do–So abends und So mittags, Reservierung am Vortag notwendig, fixes Acht-Gänge-Menü mit Hauswein zu 30 €. Köstliche Kreationen in beliebtem Restaurant. Die Küche lebt von der Frische und Qualität der Zutaten aus biologischer Produktion der Umgebung.

Olivenöl einkaufen

Ein Verzeichnis der Ölbauern mit Direktverkauf erhält man beim **Touristenbüro** in Imperia (s. S. 70).
Giuseppe Ghiglione 1 : Via Ciancergo 23, Dolcedo, Tel. 01 83 28 00 43.
Germana Mela 2 : Via Prelà 4, neben Trattoria dell'Olivo, Vasia, Tel. 01 83 28 21 32. Hochwertiges Öl aus Eigenproduktion

In der Umgebung

Auch das obere Impero-Tal bietet harmonisches Hügelland mit ausgedehnten Olivenhainen, aus denen schlanke Kirchtürme emporragen. Im Hauptort **Borgomaro 7** gab es einst ganze sieben Ölmühlen. Der Familienbetrieb **Laura Marvaldi 3** führt diese Tradition noch fort (Verkauf: Piazza della Chiesa 1, Tel. 018 35 40 31). In Lucinasco erhält man exquisites Olivenöl bei **Dino Abbo 4** (Salita Costa 16, Tel. 018 35 24 11). Abbo kann es sich erlauben, höhere Preise zu nehmen als die Konkurrenz: Mit ausgewählten Früchten und einer besonders schonenden Verarbeitung hat er sich bei Feinschmeckern einen Namen gemacht.

Oneglia bietet ein reichhaltiges Angebot an Gebäck, Kuchen und hausgemachtem Eis.

Einkaufen

Märkte – große **Wochenmärkte:** Mo und Do am Domplatz in Porto Maurizio, Mi und Sa um die Piazza Andrea Doria in Oneglia.

Ausgehen

Bars und Pubs – Es gibt sie hauptsächlich am Meer in **Borgo Marina** unterhalb von Porto Maurizio und am **Hafen von Oneglia;** auch **Discos,** teilweise mit Tanzflächen direkt über dem Strand.

Sport und Aktivitäten

Baden – kleine **Sandstrände** in **Borgo Marina.** Etwas ruhigere **Kiesstrände** findet man weiter westlich zwischen **Borgo Marina** und **Foce.**

Infos und Termine

Touristeninformation IAT: Piazza Dante 4, Oneglia, Tel. 01 83 27 49 82, infoneglia@visitrivieradeifiori.it.
Bahn: Bahnhöfe zentrumsnah in Porto Maurizio und Oneglia; häufig nach Alassio/Genua und San Remo/Ventimiglia; ab Porto Maurizio Intercity nach Mailand.
Bus: Von Porto Maurizio (Viale Matteotti) und Oneglia (Piazza Dante) halbstdl. nach San Remo sowie Andora (dort Umstieg nach Alassio). Werktags mehrmals von Oneglia/Porto Maurizio nach Dolcedo, Molini di Prelà, Valloria, Vasia sowie von Oneglia nach Borgomaro, Lucinasco.
Infiorata: An Fronleichnam wird die Via Carducci mit Blumenbildern ausgelegt.

Kaum zu glauben aber wahr: Neben Delfinen sind im ligurischen Meer auch noch vier Walarten heimisch, darunter mächtige Finn- und Pottwale. Von Mitte Juni bis Ende September starten vom Hafen in Porto Maurizio **Walbeobachtungstouren.** Die Wahrscheinlichkeit einer Sichtung wird von den Veranstaltern mit ca. 90 % angegeben (www.whalewatchimperia.it). Die ca. 6-stündige Fahrt kostet für Erwachsene 34 €, für Kinder von 5 bis 14 Jahren 22 €. Reservierung telefonisch oder per E-Mail, erforderlich: Tel. 01 85 77 20 91, corsara@whalewatchimperia.it.

San Remo ▶ B 6

San Remo, die viertgrößte Stadt Liguriens (55 000 Einw.), hat viele Seiten. Das verfallene Altstadtviertel Pigna wirkt mit seinem Labyrinth enger Gassen fast wie eine orientalische Kasbah; das lebhafte moderne Zentrum lockt mit zahlreichen Geschäften, Bars und Kneipen; am Strand und an den Uferpromenaden entfaltet sich im Sommer intensives Urlaubsleben. Idyllische Ferien kann man hier nicht verbringen, aber wer Unterhaltung schätzt, ist in San Remo gut aufgehoben. Villen und Gärten erinnern noch an die Zeiten vor gut 100 Jahren, als Adlige und gekrönte Häupter aus ganz Europa sich in San Remo trafen (**direkt 9|** ▶ S. 74).

Forte di Santa Tecla 1

Die Festung am alten Hafen wurde 1755 von den Genuesen errichtet, um Aufstandsversuche der Einheimischen niederzuhalten.

San Siro 2

Piazza San Siro
Die Kathedrale entstand im 13. Jh. auf den Grundmauern einer frühchristlichen Kirche. Ihr bedeutendstes Kunst-

werk ist das barocke Kruzifix am Hauptaltar von dem genuesischen Künstler Antonio Maria Maragliano.

Pigna-Viertel **3**

Der älteste Teil San Remos erhebt sich auf einem Hügel oberhalb der Neustadt. Man erforscht ihn auf Treppenwegen und winzigen Fußgängergassen. Am höchsten Punkt steht die 1630 errichtete barocke Wallfahrtskirche Madonna della Costa.

Archäologisches Museum **4**

Via Matteotti 143, Di–Sa 9–19 Uhr
Das Museum in dem schönen Barock-**Palazzo Borea d'Olmo** zeigt frühgeschichtliche und römische Funde.

Santa Maria degli Angeli **5**

Piazza Colombo
Der Innenraum dieser Rokokokirche ist mit einer prunkvollen Stuckdekoration verziert.

Villen des 19. Jh., San Basilio, Spielkasino **6** – **15**

s. S. 74

Übernachten

Familiär – **Ambrosiano** **1** : Via Roma 36, Tel. 01 84 57 71 89, www.hotelambrosiano.it, DZ/ÜF 60–140 € je nach Saison. Angenehme Stadtpension im vierten Stock, der abenteuerliche Aufzug funktioniert problemlos! Es empfiehlt sich, die ruhigeren Zimmer nach hinten raus zu reservieren.

Sympathisch – **Corso** **2** : Corso Cavallotti 194, Tel. 01 84 50 99 11 31, www.hotelcorsosanremo.com, DZ/ÜF 70–100 €, im Aug. bis 120 €. Freundlich geführtes Zwei-Sterne-Hotel am Stadtrand bei der Villa Nobel, guter Komfort, ansprechende Einrichtung.

Stadtpalazzo – **Alexander** **3** : Corso Garibaldi 123, Tel. 01 84 50 45 91,

www.hotelalexandersanremo.com, DZ/ÜF 70–110 €, im Hochsommer bis 120 €. Ordentliches kleines Drei-Sterne-Hotel in einer zentral gelegenen Villa mit Gartengrün.

Camping – **Villaggio dei Fiori** **4** : Via Tiro a Volo 3, Tel. 01 84 66 06 35, www.villaggiodeifiori.it. Der schönste unter mehreren Campingplätzen, direkt am Meer, schattig, allerdings mit etwas Straßenlärm.

Essen und Trinken

Nicht nur Wein – **Enoteca Bacchus** **1** : Via Roma 65, Tel. 01 84 53 09 90, Mo–Sa, Primi ab 8 €, Hauptgericht ab 10 €. Enoteca mit großem Weinangebot und guten kleinen Gerichten.

Oft empfohlen – **Nuovo Piccolo Mondo** **2** : Via Piave 7, Tel. 01 84 50 90 12, Di–Sa, Menü ab ca. 26 €. In der freundlichen Trattoria gibt es regionale Gerichte von sehr guter Qualität, z. B. die Spaghetti mit Kapern, Pinienkernen, Sardellen und Tomaten.

Kreative Küche – **Taverna al 29** **3** : Piazza Cassini 5, Tel. 01 84 57 00 34, Mo–Sa abends, Menü um 35 €. Kleines Lokal am Zugang zur Altstadt mit originellen Spezialitäten wie Brennnessel-Ravioli in Trüffelsoße.

Einkaufen

Märkte – **Lebensmittelmarkt:** Mo–Fr vormittags im **Mercato Coperto** **1** (Markthalle) an der Piazza del Mercato. **Wochenmarkt** (Kleidung, Haushaltswaren) Di und Sa jeweils vormittags neben dem **Mercato Coperto.**

Feinkost – **Sciolè** **2** : Via Roma 125. Breites Angebot an Salami, Schinken, Käse, Pasta, Soßen, getrockneten Pilzen usw.

Süßes – **Pasticceria Sanromolo** **3** : Via Carli 6. In der hübschen altmodischen Pasticceria werden köstliche Pralinen und Törtchen serviert.

San Remo

Sehenswert

1 Forte di Santa Tecla
2 San Siro
3 Pigna-Viertel
4 Archäologisches Museum
5 Santa Maria degli Angeli
6 Hotel Londra
7 Hotel Royal
8 Riviera Palace
9 San Basilio
10 Spielkasino
11 Corso degli Inglesi
12 Villa Zirio
13 Rathaus
14 Villa Ormond
15 Villa Nobel

Übernachten

1 Ambrosiano
2 Corso
3 Alexander
4 Villaggio dei Fiori

Ausgehen

Im Sommer haben zahlreiche Lokale bis in die frühen Morgen offen. Besonders viel läuft an der Uferpromenade **Corso Trento e Trieste** – ohne Disco-Szene.

Einzige Disco im Zentrum – **Odeon**
1: Corso Matteotti 178, Tel. 01 84 59 11 33. Hip-Hop, House und Techno in einer Stadt, die Tanz-Fans ansonsten wenig zu bieten hat.

Essen und Trinken

1 Enoteca Bacchus
2 Nuovo Piccolo Mondo
3 Taverna al 29

Einkaufen

1 Mercato Coperto
2 Sciolè
3 Pasticceria Sanromolo

Ausgehen

1 Odeon

Sport und Aktivitäten

1 Strand hinter dem alten Bahnhof
2 Strand am Lungomare Vittorio Emanuele
3 Strand am Corso Trento e Trieste
4 Ehemaliger Bahnhof (Pista ciclabile)

Sport und Aktivitäten

Baden – frei zugänglicher **Kies- und Sandstrand** 1 hinter dem ehemaligen Bahnhof. Schöne, in der Saison gebührenpflichtige **Sandstrände** am **Lungomare Vittorio Emanuele** 2 und am **Corso Trento e Trieste** 3.

Infos und Termine

Touristeninformation IAT: ▷ S. 77

Karte: ▶ A/B 6/7 | **Cityplan San Remo:** S. 72/73

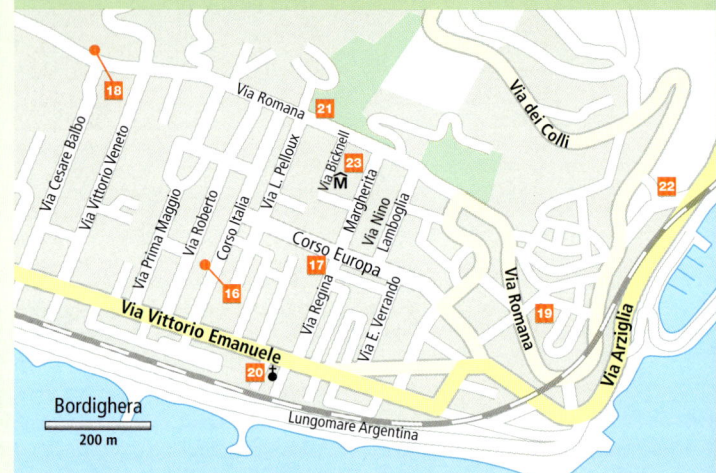

Um 1850 kam die ligurische Riviera bei den Reichen und Superreichen Europas in Mode. Britische, deutsche und russische Aristokraten entflohen im Winter dem grauen Himmel ihrer Heimat und ließen sich für einige Monate an der sonnigen Mittelmeerküste nieder.

In manchen Riviera-Orten logierten gegen Ende des 19. Jh. mehrere Tausend wohlhabende Ausländer! Sie hatten ihre eigenen Kirchen und Clubs, Salons und Bibliotheken, vor allem aber schufen sie prunkvolle Villen und Gärten. Besonders im äußersten Westen der Region – zwischen San Remo und Ventimiglia – sind die Spuren des Nobeltourismus noch heute deutlich sichtbar. Die

folgenreichste Hinterlassenschaft der Engländer ist jedoch ganz anderer Art: 1893 gründeten sie den AC Genua, den ersten Fußballverein des Landes.

Belle Epoque in San Remo

San Remo (s. S. 70) ist besonders reich an Bauten dieser Epoche. Am westlichen Ortsrand befindet sich das älteste Hotel der Stadt, das 1860 erbaute **Londra** 6 (Corso Matuzia 2). Einige Jahrzehnte jünger ist das nahe gelegene **Hotel Royal** 7 (Corso Imperatrice 80) und wenige Schritte entfernt beherbergt ein weiterer Prachtbau der Jahrhundertwende, der **Riviera Palace** 8 (Largo Nuvoloni 1), die Touristeninformation. Gegenüber steht die russisch-orthodoxe Kirche **San Basilio** 9. Sie wurde von der russischen Zarin Maria

Alexandrowna 1874 anlässlich eines Aufenthalts in San Remo gestiftet. Mit seinen Zwiebeltürmen wirkt das Gotteshaus wie ein exotischer Fremdkörper. 200 m stadteinwärts steht am Corso Matteotti das 1904–06 nach Plänen von Eugène Ferret errichtete **Spielkasino** 10, der größte derartige Bau in Europa. Von hier steigt der **Corso degli Inglesi** 11 an, die ›Straße der Engländer‹ mit besonders vielen Bauten der Zeit zwischen 1880 und 1910, z. B. der Villa Fiorentina (Nr. 450), der Villa Virginia (Nr. 452) und dem Castello Devachan (Nr. 468).

Am entgegengesetzten Stadtrand häufen sich die Jahrhundertwende-Villen am Corso Cavallotti. In der **Villa Zirio** 12 erfuhr im März 1888 der deutsche Kronprinz Friedrich Wilhelm von Preußen, dass er Kaiser geworden war. Das frühere Luxushotel Bellevue (Nr. 59) ist heute das **Rathaus** 13 von San Remo, die **Villa Ormond** 14 hat eine schöne Gartenanlage, in der **Villa Nobel** 15 (Nr. 116) verbrachte der schwedische Wissenschaftler und Stifter des Nobelpreises Alfred Nobel seine letzten fünf Lebensjahre.

Der Medicus von Bordighera

1855 erschien in London der Roman »Doctor Antonio« von Giovanni Ruffini. Er schildert die rührselige Liebesgeschichte zwischen dem Dorfarzt von Bordighera und einer englischen Lady. »Der Erfolg war so groß«, schreibt der italienische Journalist Claudio Paglieri, »dass binnen weniger Jahre 3000 englische Damen nach Bordighera übersiedelten. Der Arzt starb an Herzinfarkt.«

Der Wahrheitsgehalt der Geschichte darf bezweifelt werden, aber tatsächlich machte »Doctor Antonio« Bordighera bei den Briten unglaublich populär. Um 1900 lebten hier mehr Ausländer als Einheimische! Noch heute

erinnern Bauten und Gärten der Jahrhundertwende an diese Epoche. Mehrere Hotels sind in Villen der Belle Epoque untergebracht, z. B. das **Bordighera & Terminus** 16 (Corso Italia 21), das **Britannique & Jolie** 17 (Via Regina Margherita 35) und die **Villa Elisa** 18 (Via Romana 70). Charles Garnier, der Architekt der Pariser Oper, errichtete in Bordighera das **Rathaus** 19 (Piazza de Amicis), die **Terrasanta-Kirche** 20 (Via Vittorio Emanuele), die **Villa Bischoffsheim** 21 (Via Romana 38) und die **Villa Garnier** 22 (Via Garnier 11). Die **Städtische Bibliothek** und das **Museo Bicknell** 23 (Via Bicknell 52) gehen auf die Initiative des englischen Privatgelehrten Clarence Bicknell zurück. In dem kleinen archäologischen Museum sind u. a. Nachbildungen der von Bicknell erforschten prähistorischen Felszeichnungen aus dem ›Tal der Wunder‹ (Vallée des Merveilles) in den Seealpen ausgestellt.

Traumgarten am Mittelmeer

Der Höhepunkt unter den Spuren des britischen Nobeltourismus ist die Gartenanlage der **Villa Hanbury** beim Weiler La Mortola, die 6 km westlich von Ventimiglia liegt. In einer klimatisch besonders begünstigten Lage am Meer ließ der englische Kaufmann Thomas Hanbury eine verfallene Villa restaurieren und hier ab 1867 den wohl schönsten botanischen Garten Italiens anlegen — eine Wunderwelt aus exotischen Pflanzen und Düften. Neben Kakteen, Eukalyptusbäumen, Zitrusgewächsen, Agaven und diversen Palmenarten gedeiht hier die am nördlichsten gelegene Papyruspflanzung der Erde. Insgesamt wachsen auf den zum Meer hin abfallenden Gartenterrassen 4000 Pflanzenarten.

Die Anlage wurde vom deutschen Landschaftsgärtner Ludwig Winter gestaltet. Nach der Fertigstellung der Vil-

Pflanzen über Pflanzen und dahinter das Meer – in den Giardini Hanbury

la richtete sich die Energie des damals 27-Jährigen auf neue Ziele. 1873 begann er, in Bordighera Rosen zu züchten. Er war geschäftlich erfolgreich und fand bald zahlreiche Nachahmer, auch unter den einheimischen Bauern. So begann der kommerzielle Anbau von Schnittblumen in dieser Gegend, die bald als Riviera dei Fiori (›Blumenriviera‹) bekannt wurde.

Infos und Öffnungszeiten

Museo Bicknell 23: Via Bicknell 3, Bordighera, Mo–Fr 9.30–13, 13.30–16.45 Uhr, Eintritt frei.

Giardini Hanbury: Ventimiglia, Ortsteil La Mortola, www.giardinihanbury.com, Einlass 9.30–16, Frühjahr/Herbst bis 17, im Sommer bis 18 Uhr, Eintritt 7,50 €, Mitte März–Ende Juni 9 €. Anfahrt mit Linienbus ab Ventimiglia Haltestelle Largo Sandro Pertini (Via Cavour 39) Richtung Ponte San Luigi werktags um 8.00, 9.30, 12.30, 13.30, 14.30 Uhr; zurück um 10.00, 13.00, 14.00, 14.55, 18.00, 19.55 Uhr. Hauptblütezeit: April–Mai.

Dauer: anderthalb Tage fürs ganze Programm – einen halben Tag für San Remo, zwei Stunden für Bordighera, drei Stunden für die Villa Hanbury, dazu die Fahrt zwischen den Orten.

Fortbewegung

In Bordighera und der Villa Hanbury zu Fuß, in San Remo zu Fuß und mit dem Stadtbus. Fahrten zwischen den Orten sowie von Ventimiglia zur Villa Hanbury mit dem Auto oder mit Linienbussen. Auf der Strecke San Remo–Bordighera–Ventimiglia kann man auch die schnellere Bahn nehmen.

Largo Nuvoloni 1 (beim Casino), www.rivieradeifiori.org.

Bahn: vom neuen Tunnelbahnhof häufig nach Genua und Ventimiglia; Intercity nach Mailand.

Bus: vom Busbahnhof Piazza Colombo alle 15 Min. nach Bordighera/Ventimiglia, alle 20 Min. nach Taggia, alle 30 Min. nach Imperia.

Festival della Canzone Italiana, Battaglie dei fiori, Jazz- und Blues-festival: s. S. 19 und 20

In der Umgebung

Bussana Vecchia (▶ B 6): Der östlich von San Remo gelegene Ort wurde 1887 bei einem Erdbeben zerstört. Seit den 1950er-Jahren entstand er neu als Ort der Künstler und Kunsthandwerker, die Wohnungen und Läden in den Ruinen einrichteten. Bussana Vecchia hat eine besondere Atmosphäre, denn immer noch ragen über den geschickt restaurierten Häusern die alten Ruinenmauern in die Höhe.

Taggia (▶ C 6): Im kunsthistorisch interessanten Zentrum stehen mittelalterliche Häuser und barocke Palazzi. Das Kloster **San Domenico** am südlichen Ortsrand war von 1500 bis 1800 das wichtigste kulturelle Zentrum Westliguriens. In der gotischen Klosterkirche und in den Klosterräumen beim Kreuzgang hängen schöne Renaissancegemälde von Ludovico Brea und Giovanni Canavesio (Di–So 9–11.30 u. 15–17 Uhr). Am östlichen Ortsrand führt der **Pontelungo** (1450), eine 260 m lange Bogenbrücke, über den Argentea. Im Februar und im Juli werden in Taggia farbenfrohe mittelalterliche Feste veranstaltet (s. S. 19).

Bordighera ▶ B 6/7

Bordighera (10 700 Einw.) wurde im 19. Jh. eines der vornehmsten Reiseziele

Bei San Remo hat man die ehemalige Küstenbahntrasse in eine Radstrecke umgewandelt. Auf der neu asphaltierten **Pista ciclabile** 4 kann man nun gemütlich in frischer Brise am Meer entlangradeln – Motorfahrzeuge bleiben ausgesperrt. Eine ca. 18 km lange Strecke von San Remo nach San Lorenzo al Mare sind freigegeben, die Erweiterung bis Ospedaletti und Imperia ist geplant. Leihfahrräder gibt es am alten Bahnhof von San Remo.

le der Riviera. Mit ihren eleganten Geschäften, üppigen Gärten und den Belle-Epoque-Villen hat die Stadt die Atmosphäre eines noblen Ferienorts bewahrt (s. S. 74). Die Strände sind allerdings nur mittelmäßig – der Reiz Bordigheras liegt in der Atmosphäre und den Ausflugsmöglichkeiten ins bergige Hinterland (**direkt 10** S. 78).

Altstadt

Das kleine historische Zentrum mit hübschen Gassen und Plätzen erhebt sich auf einem Hügel über dem Meer. Er wurde im Mittelalter besiedelt und im 16. Jh. mit Mauern umgeben. Man betritt die Altstadt durch die Stadttore **Porta Soprana** und **Porta della Maddalena.** Unterhalb des Ortes steht am Meer auf einem Felsvorsprung das Kirchlein **Sant'Ampelio** (11. Jh).

Museo Bicknell

s. S. 75

Giardino Pallanca

Via Cornice dei Due Golfi, Nov–März Di–So 9–17 Uhr, April–Okt. Di–So 9–12.30, 14.30–19 Uhr, 6 €, www.pallanca.it

Im botanischen Garten am östlichen Stadtrand wachsen mehr als ▷ S. 81

10 | Künstler und Hexen – Val Nervia und Valle Argentina

Karte: ▶ B/C 5/6 | **Rundtour:** ca. 100 km lang, lässt sich nur mit dem Pkw unternehmen.

Zur oft hektischen Atmosphäre der dicht besiedelten Küste stehen die Bergdörfer des Hinterlands in starkem Gegensatz. Vor langer Zeit begannen die Menschen, von hier fortzuziehen, viele Orte sind fast entvölkert. In letzter Zeit gab es jedoch eine Gegenbewegung: Auswärtige Käufer erwarben Häuser für die Ferien oder als Dauerwohnsitz.

In manchen Orten sind heute ein Drittel der Einwohner Ausländer! Die Neusiedler tragen dazu bei, dass die Bausubstanz erhalten bleibt und oft vorzüglich restauriert wird. Daher stehen die Einheimischen dem Zuzug von Deutschen und Schweizern, Niederländern, Belgiern und Skandinaviern meist positiv gegenüber. Neue Dorfgemeinschaften entstehen: Der alteingesessene Winzer und die belgische Computerfachfrau, die einheimische Lehrerin und der Journalist aus Mailand treten miteinander in Kontakt. Die ›idyllischen‹ Orte des Hinterlands scheinen vergangenen Jahrhunderten anzugehören, aber in ihrem bunten Einwohnermix sind sie ganz modern.

Künstlerdörfer

In **Dolceacqua** 🔳 spürt man den Zuzug der Fremden sehr deutlich. In den Gassen des alten Ortskerns gibt es zahlreiche Galerien. Die einheimische Tradition, Gegenstände aus Olivenholz zu produzieren, wird heute auch von auswärtigen Kunsthandwerkern fortgeführt. Das Wahrzeichen des Ortes ist die weit geschwungene mittelalterliche Nervia-Brücke, die schon Claude Monet als »ein Juwel an Leichtigkeit« bewunderte. Darüber erheben sich die imposanten Ruinen einer mittelalterlichen Burg.

Auch in dem malerisch am Hang gelegenen **Apricale** 🔳 springt der Einfluss der Fremden ins Auge. Hier wohnen seit den 1960er-Jahren besonders viele Künstler. Viele Hauswände an der zentralen Via Roma wurden mit modernen Wandbildern geschmückt. Das barocke Oratorio di San Bartolomeo und die spätmittelalterliche Pfarrkirche stehen zu diesen zeitgenössischen Kunstwerken in reizvollem Kontrast.

Pigna **3** mit seinen dunklen, fast höhlenartigen Gassen macht auf den ersten Blick einen düsteren Eindruck. Viele Häuser stehen leer. Doch seit der Eröffnung eines gut ausgestatteten Thermalhotels 1998 belebt sich das Dorf wieder. Sehenswert sind die farbenfrohen Renaissancefresken von Giovanni Canavesio in der Cappella San Bernardo und die große Altartafel desselben Künstlers in der Kirche San Michele. Beide Kirchen sind leider nur unregelmäßig geöffnet.

Die Hexen von Triora

Nördlich von Pigna duckt sich das halbverlassene **Buggio** **4** unter schroffe Steilwände. Über den 1127 m hohen Langan-Pass erreicht man auf kurvenreicher Bergfahrt **Triora** **5**. Der hübsche Ort liegt großartig auf 800 m Höhe am Steilhang über dem Argentina-Tal. Nur noch rund 200 Bewohner leben ständig im historischen Zentrum, doch von der einstigen Bedeutung Trioras zeugen zehn Kirchen, fünf Burgruinen und drei Stadttore. Besonders sehenswert sind die Kirchen Santa Maria Assunta und San Bernardino sowie der verwinkelte alte Ortsteil Sambughea. Im Museo Etnografico (Mo–Fr 14.30–18, Sa/So 10.30–12, 15–18.30 Uhr) findet man Dokumente eines Prozesses, der 1588 von der Inquisition gegen die angeblichen ›Hexen‹ von Trio-

ra durchgeführt wurde. Auf die Tradition dieser *streghe* beruft sich der Ort heute mit Stolz: Es gibt ein Hexendenkmal und Hexenlikör, Hexen-Souvenirs und Hexen-Ansichtskarten.

Im Tal der Argentina

Das landschaftlich kontrastreiche Tal des Argentina-Fluss verbindet die Blumenriviera mit dem Hochgebirge. Von Triora talaufwärts gelangt man in die schroffe Felslandschaft um das winzige **Realdo** **6**, das sich an den Rand einer senkrechten Felsklippe drängt. Von **Verdeggia** **7** in 1092 m Höhe lässt sich auf schmalen Pfaden das ›Dach Liguriens‹, der 2200 m hohe **Monte Saccarello** **8** erklimmen, der ein überwältigendes Alpenpanorama bietet.

Unterhalb Triora gelangt man in lieblichere Gefilde. Der Argentina-Fluss windet sich durch ein mediterran bewaldetes, von mittelalterlichen Dörfern bewachtes Engtal. In **Molini di Triora** **9**, ursprünglich der ›Mühlenort‹ für das größere Triora, zeigt der ›Hexenladen‹ **La Bottega di Angelamaria** ein unglaubliches Durcheinander (Mo–Di). **Montalto Ligure** **10** liegt beeindruckend am Hang. Die Pfarrkirche San Giovanni Battista zeigt ein Polyptychon des Renaissancemeisters Ludovico Brea (1516), unterhalb des Ortskerns bewahrt die Friedhofskirche San Giorgio einen Freskenzyklus des 14. Jh. In **Badalucco** **11** schwingt sich die alte Santa-Lucia-Brücke elegant über den Argentina-Fluss. Im liebevoll gepflegten alten Ortskern schmücken moderne Fresken die Fassaden. Das mittelalterliche **Taggia** **12** (s. S. 77) ist der letzte sehenswerte Ort im Tal.

Anreise
Die meisten Orte sind auch per **Bus** erreichbar: bis Pigna im Nervia-Tal ab

Ventimiglia, bis Triora im Argentina-Tal ab San Remo. Fahrplan *(orario)* unter www.rivieratrasporti.it (Linien 7, 16).

Riviera dei Fiori

Gut schlafen

Colomba d'Oro [1]: Corso Italia 66, Triora, Tel. 018 49 40 51, www.colombadoro.it, DZ/ÜF 70–110 €. Im netten Dorfhotel schaut man aus vielen Zimmern in die grüne Berglandschaft.

Einkehren

Gute Küche bieten die einfache **Trattoria La Posta** [1] in Pigna (Via San Rocco 60, Tel. 01 84 24 16 66, Fr–Mi nur mittags, Menü um 20 €), das Hotelrestaurant **Colomba d'Oro** [1] in Triora (Adresse und Tel. s. o., Mi–Mo, Menü ab 25 €) und das Restaurant **Ca'Mea** [2] bei Badalucco (Strada Statale km 13,8, Tel. 01 84 40 81 73, Di–So, vielgängiges Menü mit Getränken 40 €).

Wandern

Westlich des Langan-Passes zieht sich der **Sentiero degli Alpini** [1] durch die Steilfelsen des Monte Pietravecchia (2038 m). Trittsicheren Wanderern ohne Höhenangst bietet er atemberaubende Fern- und Tiefblicke. Ausgangspunkt ist die bewirtschaftete Berghütte **Rifugio Allavena.**

In der Umgebung

Ein weiteres sehr schönes Tal ist die Valle Armea bei San Remo. Das mittelalterliche **Ceriana** [13] bildet ein Gewirr aus dunklen überwölbten Gassen über dem Armea-Fluss. **Baiardo** [14] in 900 m Höhe hat unter allen Orten der Blumenriviera das schönste Bergpanorama.

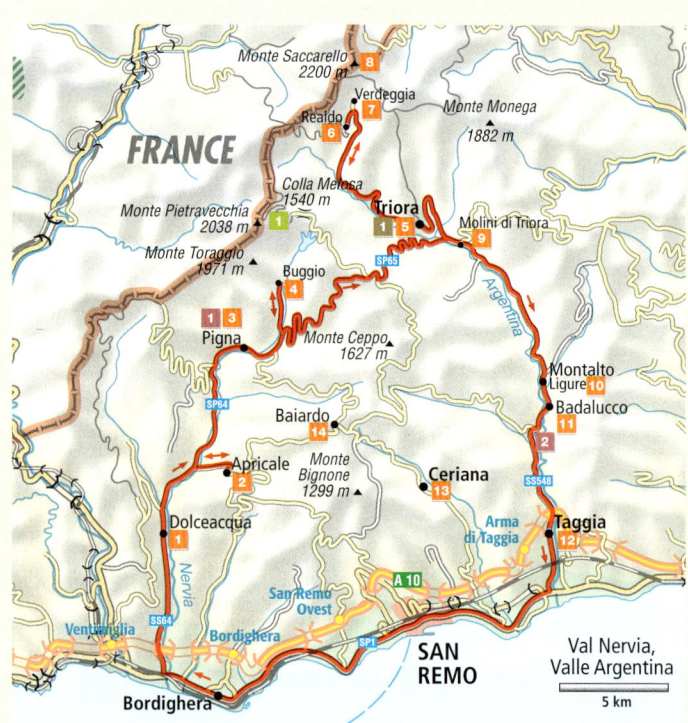

Val Nervia, Valle Argentina

5 km

3000 verschiedene Pflanzenarten, darunter zahlreiche subtropische Spezies. Kakteen sind in ungewöhnlicher Vielfalt vertreten.

Übernachten

Freundlich – **Kristina:** Via Regina Margherita 24, Tel. 01 84 26 13 09, www.albergokristina.it, DZ/ÜF 55–60 €. Ein einfaches Haus ohne größere Ansprüche, aber nett und preisgünstig. Die Zimmer sind relativ klein.

Villa mit Garten – **Villa Elisa:** Via Romana 70, Tel. 01 84 26 13 13, www.villaelisa.com, DZ/ÜF je nach Ausstattung/Saison 100–185 €. Die sympathische Signora Rita aus München und ihr italienischer Ehemann führen das gepflegte Hotel in einer Belle-Epoque-Villa mit viel Engagement. Hübscher Garten mit Pool.

Essen und Trinken

Für den kleinen Hunger – **A Tartana:** Via Vittorio Emanuele 62, Tel. 01 84 26 13 92, Mo–Sa 8.30–14, 16.30–19.30 Uhr, kleine Gerichte ab 4 €. Nettes Lokal mit großem Angebot an kleinen Speisen wie Gemüsetorte, *farinata* (Kichererbsenfladen) oder Pizza auf die Hand.

Mittelalterliche Gewölbe – **Osteria Acqua Dolce:** in Dolceacqua, Via Patrioti Martiri 33, Tel. 01 84 20 50 32, mittags und abends, Do Ruhetag. Die Küche des rustikalen Restaurants orientiert sich stark am jahreszeitlichen Angebot, es gibt das gekochte Klassiker wie Pestognocchi mit grünen Bohnen, Stockfisch auf ligurische Art, Kaninchen mit Taggiasca-Oliven; gute Weinkarte, Reservierung empfohlen! Menü um 30 €.

Stilvoll – **Via Romana:** Via Romana 57, Tel. 01 84 26 66 81, Do abends–Di, Menüs ab ca. 50 €. Hervorragendes nobles Restaurant in elegantem Ambiente der Wende zum 20. Jh. Köstlich

sind z. B. die Nudeln mit Tintenfisch, Oliven und Thymian!

Einkaufen

Märkte – **Lebensmittelmarkt:** Mo–Sa im Mercato Coperto (Markthalle) an der Piazza Garibaldi. Großer **Wochenmarkt:** Do am Lungomare Argentina.

Ausgehen

Im Sommer tobt das Nachtleben an der Uferpromenade **Lungomare Argentina.**

Diskothek für junge Leute – **Kursaal:** Lungomare Argentina 7, Tel. 01 84 26 46 85, außerhalb der Saison nur Fr und Sa. Wird vorwiegend von jungen Leuten um die 20 frequentiert

Für ältere Disco-Gänger – **Dolce Vita:** Corso Regina Margherita 1, Ospedaletti, Tel. 01 84 68 88 32.

Sport und Aktivitäten

Baden – Die **Strände** beim Ort sind breit, aber recht steinig.

Infos und Termine

Touristeninformation IAT: Via Vittorio Emanuele II 172–174, Tel. 01 84 26 23 22, infobordighera@visitrivieradeifiori.it.

Bahn: häufig nach Genua und Ventimiglia; Intercity nach Mailand.

Bus: alle 15 Min. nach Ventimiglia und San Remo.

Ortsfest des hl. Ampelius: am 14. Mai mit großem Feuerwerk.

Ventimiglia ▶ A 6

Die Grenzstadt (26 700 Einw.) an der Roia-Mündung besteht aus zwei sehr unterschiedlichen Teilen: Westlich des Flusses steht auf einem Hügel die verwinkelte Altstadt mit interessanten historischen Gebäuden, östlich erstreckt sich das moderne Stadtzentrum. Hier

Ventimiglia

Sehenswert
1 Kathedrale Santa Maria Assunta
2 Baptisterium
3 Loggia del Parlamento
4 San Michele
5 Forte dell'Annunziata
6 Römisches Theater
7 Hanbury-Gärten

Übernachten
1 Calypso
2 La Riserva di Castel d'Appio
3 Por la Mar

pulsiert das städtische Leben – vor allem am Freitag, wenn hier der vielleicht größte Alltagsmarkt Italiens stattfindet, der auch Tausende von Kunden aus Frankreich anzieht.

Kathedrale Santa Maria Assunta 1
Piazza della Cattedrale
Der mittelalterliche Bau entstand zwischen dem 11. und 13. Jh. Besonders schön ist der in rein romanischem Stil erhaltene Innenraum. Noch älter ist die Krypta aus karolingischer Zeit.

Baptisterium 2
Die romanische Taufkirche (11. Jh.) erhebt sich neben der Kathedrale.

Loggia del Parlamento 3
Via Garibaldi 12
Der eindrucksvollste Bau an der von alten Häusern gesäumten Altstadtgasse Via Garibaldi geht auf das 14./15. Jh. zurück.

San Michele 4
Piazza San Michele, nur zu den Gottesdiensten geöffnet (So vormittags)

Essen und Trinken

1 Pasta & Basta
2 Marco Polo

Einkaufen

1 Markthalle
2 Markt in der Neustadt

Ausgehen

1 Bananarama

Sport und Aktivitäten

1 Kiesstrände

Die um 1100 erbaute ehemalige Familienkapelle der mächtigen Grafen von Ventimiglia steht am Rand der Altstadt über dem Roia-Tal.

Forte dell'Annunziata 5

Via G. Verdi 41, Di–Sa 9–12.30, 15–17, So 10–12.30 Uhr, www.fortedellannunziata.it
Die genuesische Küstenfestung am westlichen Stadtrand beherbergt das **Museo Archeologico G. Rossi** mit Funden aus der Römerstadt Albintimilium.

Römisches Theater 6

Corso Genova
Etwa 1,5 km außerhalb an der Straße nach Bordighera befinden sich die Ruinen des Römertheaters. Es wurde im 2. Jh. errichtet und fasste rund 5000 Zuschauer.

Hanbury-Gärten 7

s. S. 75

Übernachten

Meernah und günstig – **Calypso** 1:
Via Matteotti 8, ca. 150 m von der Ufer-

promenade entfernt, Tel. 01 84 35 27 42, www.calypsohotel.it, DZ/ÜF ab 80 €. Angenehmes Kleinstadthotel mit 30 Zimmern in zentraler Lage freundlicher Service, oft ausgebucht.

Weite Aussicht – **La Riserva di Castel d'Appio** 2 : Via Peidago 79, Tel. 01 84 22 95 33, www.lariserva.it, DZ je nach Saison 140–220 €. Herrliche Lage in 300 m Höhe oberhalb der Altstadt, mühselig ist nur die Anfahrt auf einem steilen Holpersträßchen. Garten mit Pool.

Camping – **Por la Mar** 3 : Corso Nizza 107, Ortsteil Latte, Tel. 01 84 22 96 26. Schöner schattiger Platz oberhalb der Küste, einige Kilometer westlich vom Zentrum.

Essen und Trinken

Nudeln satt – **Pasta & Basta** 1 : Passeggiata Marconi 20/A, Tel. 01 84 23 08 78, tgl., große Pasta-Teller ab 10 €. Hier bekommt man Nudelgerichte in vielen Variationen, z. T. ist die Pasta hausgemacht *(pasta fresca)*; ansonsten gibt es nur Salate und Desserts.

Am Strand – **Marco Polo** 2 : Passeggiata Cavalotti 2, Tel. 01 84 35 26 78, Di–So, Mittagsmenü 20 €, à la carte um 40 €. Das Uferrestaurant hat eine schöne Panoramaterrasse, die Fischküche ist vorzüglich.

Einkaufen

Märkte – **Blumen- und Lebensmittelmarkt:** Mo–Sa in der **Markthalle** 1 am Corso della Repubblica. Jeden Fr ganztägig großer **Wochenmarkt** 2 in der Neustadt östlich der Roia-Mündung um die Via Rossi und die Via Vittorio Veneto. Lebensmittel, Kleidung, Kunsthandwerk und Alltagswaren jeder Art.

Ausgehen

An der Uferpromenade – **Bananarama** 1 : Passeggiata Cavalotti 23, Tel. 01 84 35 17 73, 19–4 Uhr, Mi–Mo. Ventimiglia hat kaum Nachtleben. Der beste Treffpunkt für Nachtschwärmer ist dieser originelle Ort mit Musik und kleinen Gerichten

Sport und Aktivitäten

Baden – breite **Kiesstrände** 1 . Um die Roia-Mündung ist die Wasserqualität nicht immer optimal.

Infos und Termine

Touristeninformation IAT: Lungo Roja G. Rossi, Tel. 01 84 35 11 83, info-ventimiglia@visitrivieradeifiori.it.

Bahn: häufig nach San Remo/Genua; Intercity nach Mailand. Mit der Tendabahn nach Cuneo/Turin. Stdl. nach Menton/Monaco/Nizza.

Bus: alle 15 Min. nach Bordighera/San Remo, mehrmals tgl. ins Nerviatal (Haltestelle Via Cavour 30), etwa stdl. zur Villa Hanbury (ab Via Cavour 39).

Agosto Medievale: Mittelalterfest im Aug., s. S. 20.

Durch das wildromantische **Roya-** oder **Roia-Tal** erreicht man ab Ventimiglia rasch die Seealpen. Es gehört seit 1861 größtenteils zu Frankreich. Das durch eine Gebirgsbahn erschlossene Tal bietet gute Wandermöglichkeiten auf dem in Airole beginnenden markierten ›Sentier valléen‹. Sehenswerte Orte sind Breil-sur-Roya, das besonders malerische Saorge, Tende sowie La Brigue mit seinen Renaissancefresken von Canavesio in der Kapelle Notre-Dame-des-Fontaines. Westlich von Tende beginnt das Hochgebirge des Mercantour-Nationalparks. Im Vallée des Merveilles am Mont Bégo (2872 m), einem Kultort der ligurischen Urbevölkerung, kann man frühzeitliche Felsgravuren besichtigen.

Riviera di Levante – von Camogli bis Levanto

Camogli ▶ H 4 und Karte S. 86

Der bunte kleine Hafenort bietet ein besonders malerisches Bild. Mit dem Schiff erreicht man von hier das spektakulär gelegene Kloster von **San Fruttuoso** (▐direkt 11▌ S. 86).

Übernachten
Über dem Strand – **La Camogliese** ▮1▮: Via Garibaldi 55, Tel. 01 85 77 14 02, www.lacamogliese.it, DZ/ÜF 70–110 €. Das Zwei-Sterne-Haus wird freundlich und liebevoll geführt. Viele Räume sind recht klein, manche bieten aber Aussicht aufs Meer.

Essen und Trinken
Im Brandungsrauschen – **La Rotonda** ▮1▮: Via Garibaldi 101, Tel. 01 85 77 45 02, Di–So, Menü ab 28 €. Man sitzt wunderbar direkt über dem Strand. Sehr gut sind z. B. der Vorspeisenteller ›Rotonda‹, die Pasta mit Pesto und die Pilzgerichte.

Einkaufen
Süßes – **Pasticceria Revello** ▮1▮: Via Garibaldi 183. Freunde süßer Leckereien sollten die *camogliesi* probieren, eine Kreation des Hauses.

Infos und Termine
Touristeninformation Pro Loco: Via XX Settembre 33, Tel. 01 85 77 10 66, info@prolococamogli.it.
Bahn: häufig nach Genua und Rapallo/La Spezia.

Bus: etwa stdl. über Ruta nach Santa Margherita Ligure/Rapallo.
Sagra del pesce: großes Fischessen am zweiten So im Mai, s. S. 19.

Santa Margherita Ligure ▶ H 4

In Santa Margherita Ligure haben gut betuchte Touristen die Oberhand. Seit Langem ist die freundliche, farbenfrohe Kleinstadt am Meer (10 700 Einw.) ein Treffpunkt der Wohlhabenden. Fast zwei Drittel der Gästebetten stehen in Fünf- und Vier-Sterne-Hotels. Dennoch ist die Kleinstadt sehr lebendig.

Santa Margherita d'Antiochia
Die pseudobarocke Fassade der Ortskirche stammt von 1876, der Innenraum mit viel Gold und Glimmer wirkt prachtvoll-überladen.

Villa Durazzo
Park im Sommer tgl. 9–19, im Winter bis 17 Uhr; Villa im Sommer 9–13, 14.30–18.30, im Winter 9–13, 14–17 Uhr, 5,50 €; www.villadurazzo.it
Die herrschaftliche Villa aus dem 16. Jh. liegt in einem schönen Park aussichtsreich über dem Tigullio-Golf.

Übernachten
Familiär – **Villa Anita:** Via Tigullio 10, Tel. 01 85 28 65 43, www.hotelvilla anita.com, DZ/ÜF um 85 €. Angenehmes kleines Hotel am Stadt- ▷ S. 88

Karte: ▶ H 4 und Karte S. 91

Camogli **(6200 Einw.)** bietet Ligurien aus dem Bilderbuch: Über dem Meeresblau leuchten gelb und ockerfarben die Häuserfronten, im kleinen Hafen schaukeln bunte Boote. Im Süden erhebt sich steil das Vorgebirge mit dem in einer Bucht versteckten mittelalterlichen Kloster San Fruttuoso.

Über Jahrhunderte war Camogli ganz auf die Seefahrt ausgerichtet. Einheimische Kapitäne waren sogar an der Entdeckung der Azoren beteiligt. Im 19. Jh. erlebte die Stadt ihre Blütezeit: Die örtlichen Werften bauten hochwertige Handelsschiffe und die Reeder aus Camogli vermieteten ihre Segler in ganz Europa. Zeitweise besaßen sie rund 1000 Schiffe, doppelt so viele wie Genua! Ende des 19. Jh. verpasste Camogli den Anschluss an die neue Technik der Dampfschifffahrt und wurde zu einem unbedeutenden Fischerort.

Farbenpracht am Meer

Eigentliche ›Sehenswürdigkeiten‹ hat Camogli kaum – sehenswert ist der Ort selbst. Lebendige Mitte ist die Uferpromenade. Sie ist von bis zu sieben Stockwerke hohen Wohnhäusern gesäumt – ›Wolkenkratzer‹ des 19. Jh. Alles ist hier Farbe: die Gelb-, Rot- und Ockertöne der Häuser, die Pastellfarben der Kirche, das tiefe Grün der Vegetation, das Blau des Wassers. Die Strandpromenade mit ihren Cafés, am Tage Freizeittreff der Jugend, ist zur abendlichen *passegiata* dicht von Flanierenden bevölkert. Sehr fotogen auf einer Halbinsel liegt die Kirche **Santa Maria Assunta** 1 . Sie stammt aus dem 13. Jh., zeigt innen aber überladenen Spätbarock. Daneben bewacht auf einem Felsen das **Castel Dragone** 2 seit dem 12. Jh. den kleinen Hafen.

Klostereinsamkeit

In einer abgelegenen Bucht scharen sich die wenigen Häuser einer Fischersiedlung um ein mittelalterliches Kloster. Den Hintergrund bilden mit Pinien und Buschwald bewachsene Steilhänge. Nur etwa 20 Menschen leben das ganze Jahr über in San Fruttuoso, das nur per Boot oder zu Fuß erreichbar ist. Außerhalb der Saison ist die Atmosphäre einzigartig. Im Sommer allerdings, wenn sich Badegäste am Kiesstrand vor den Klostermauern drängen, verflüchtigt sich die Magie des Ortes.

Das Kloster wurde im 8. Jh. vom Bischof von Tarragona gegründet, der vor den Sarazenen aus Spanien hierher geflohen war. Im 13. Jh. gehörte die Abtei der genuesischen Adelsfamilie der Doria, im 16. Jh. zogen Fischer ein und veränderten die Baustruktur. Die Restaurierung in den 1990er-Jahren wird als wenig stilgenau gerügt. Die **Abteikirche** entspricht heute im Wesentlichen dem Zustand des 16. Jh. Meerseitig erhielt der **Abtspalast** 1934 seine derzeitige Gestalt mit den gotisch rekonstruierten

Übrigens: Ein aufregender **Wanderweg** 1 führt von San Rocco, das oberhalb von Camogli liegt – mit Bus oder in 45 Min. zu Fuß erreichbar –, zum Kloster San Fruttuoso. Drei Stunden lang geht es auf schmalen Wegen durch einsame Fels- und Macchialandschaft auf und ab, die Meerblicke sind großartig! Der Weg ist gut markiert, aber nur für trittsichere und schwindelfreie Wanderer geeignet. Beim Einstieg an der Kirche von San Rocco aufpassen: nicht dem Hinweis ›San Fruttuoso‹, sondern den roten Punkten und Dreiecken Richtung ›Via Mortola, Punta Chiappa‹ folgen! Danach immer an den zwei roten Punkten orientieren.

Fenstern. Der **Kreuzgang** und die Familiengräber der Doria stammen hingegen noch aus dem Mittelalter.

Infos
Museo Marinaro 3 : Via Gio Bono Ferrari 42, Camogli, Mi–Mo 9–12, Mi, Sa/So auch 15–18 Uhr, www.museo marinaro.it. Das Schifffahrtsmuseum dokumentiert die ruhmreiche Geschichte der Seefahrer von Camogli.
Abtei San Fruttuoso: Di–So 10–15.45 Uhr, April/Mai tgl. und bis 16.45, Juni–Mitte Sept. tgl. bis 17.45 Uhr; Einlass bis 45 Min. vor Schließung, 5 €, www.sanfruttuoso.eu.

Schiff
Von Camogli nach San Fruttuoso: Juli/Aug. stdl., April–Juni, Sept. 5–10 x, Okt.–März 3 x, www.golfoparadiso.it.

Bootsprozession
Ende Juli. Von San Fruttuoso zum Cristo degli Abissi, einer 1954 in der Bucht versenkten Christus-Statue.

Übernachten, Essen und Trinken, Einkaufen
s. S. 85

Nur zu Fuß oder mit dem Boot zu erreichen – San Fruttuoso

rand, besonders hübsch ist der Garten mit Zitronenbäumen und Bougainvilleen.

Gartenpalazzo – **Mediterraneo:** Via della Vittoria 18/A, Tel. 01 85 28 68 81, www.sml-mediterraneo.it, DZ/ÜF 100–150 €. Klassisches bürgerliches Riviera-Hotel in kleinem Palmengarten bei der Villa Durazzo. Am schönsten sind die großen Zimmer mit Terrasse ganz oben. Andere Zimmer sind z. T. sehr klein, vorher anschauen!

Essen und Trinken

Fisch fangfrisch – **Il Nostromo:** Via dell'Arco 6, Tel. 01 85 28 16 63, Di–So, Menü 25–35 €. In dem rustikal-gediegenen Lokal nahe der Uferpromenade gibt es immer frische Fischgerichte.

Jugendstil – **Caffé Colombo:** Via Pescino 13, Di–So. Eines der schönsten Kaffeehäuser der Küste mit Holzschnitzereien vom Beginn des 20. Jh. Die Grappaflaschen stehen in sorgfältig dekorierten Wandschränken, der Cappuccino wird unter großen Spiegeln serviert, am Tresen lächeln geschnitzte Engel.

Einkaufen

Feinkostparadies – **Seghezzo:** Via Cavour 1 (Kirchplatz). Das traditionsreiche Geschäft bietet eine gute Weinauswahl und ein fast überwältigendes Angebot an Lebensmitteln, nicht nur aus Italien.

Ausgehen

Edeldisco – **Covo di Nord-Est:** Via Rossetti 1, Tel. 01 85 28 65 58. Die renommierte Disco mit drei Tanzsälen, Restaurant und Piano-Bar zieht Besucher aus Genua und La Spezia an.

Sport und Aktivitäten

Baden – **Kiesstrand** beim Ort. Guter **Sandstrand** in **San Michele di Pagana** (2 km Richtung Rapallo).

Tauchen – **DWS Diving Center:** Via Favale 11, Tel. 01 85 28 25 78, www.dwsdiving.com. Organisiert Kurse und Exkursionen zur interessanten Unterwasserwelt am Vorgebirge von Portofino.

Segeln – **Lega Navale Italiana:** Calata Porto 21 (Casa Mare), Tel. 01 85 28 47 97, www.leganavale.it. Veranstaltet Segelkurse, auch für Kinder.

Infos und Termine

Touristeninformation IAT: Piazza Vittorio Veneto (Infokiosk), Tel. 01 85 28 74 85.

Bahn: häufig nach Camogli/Genua und Sestri Levante/La Spezia; einige Intercityzüge nach Mailand und Pisa/Livorno.

Bus: alle 15–30 Min. nach Portofino und Rapallo, alle 50 Min. nach Camogli.

Schiff: in der Saison nach Portofino, San Fruttuoso und Rapallo.

Portofino ▶ H 4

Portofino (400 Einw.) ist der nobelste Urlaubsort der Riviera (**direkt 12**▸ S. 89). Mit seinen bunten Häusern wirkt es wie das Idealbild von einem Fischerdorf – obwohl hier längst Touristen und reiche Zweithausbesitzer die Mehrheit bilden. Von einem längeren Aufenthalt ist abzuraten: Die Preise – vom Cappuccino bis zum Hotelzimmer – sind extrem hoch.

Rapallo ▶ H 4

Bis zum Zweiten Weltkrieg war Rapallo einer der vornehmsten Badeorte der Riviera. Dann wurden die Kleinstadt (29 300 Einw.) und ihre nähere Umgebung gnadenlos zersiedelt, sodass sich heute wirklich nur noch ein Kurzbesuch lohnt. Insbesondere für einen ▷ S. 92

12 | Nobelort und Natureinsamkeit – die Portofino-Halbinsel

Karte: ▶ H 4 | **Dauer:** ein Tag oder zwei Tage mit gründlicher Besichtigung der Orte und Wanderungen.

Filmstars wie Ingrid Bergman oder Clark Gable, Superreiche wie Onassis oder Bill Gates, Kaiser und Könige wie Wilhelm II. oder Haile Selassie, Politiker wie Clinton oder Berlusconi – sie alle waren in Portofino, dem Lieblingsziel von Schickeria, Geburts- und Geldadel. Nicht zufällig steht hier eines der teuersten Luxushotels Italiens, nicht umsonst weisen die Bewohner das höchste Durchschnittseinkommen des Landes auf.

»I lost my heart in Portofino«

Schon zu Beginn des 20. Jh. verkleideten sich die Einheimischen als Fischer, um folkloristische Atmosphäre vorzutäuschen. Schon damals begann der Ausverkauf der hübschen Häuser an der Hafenpiazza und der Landhäuser in der Umgebung. In den 50er-Jahren des letzten Jahrhunderts drängte das amerikanische Showbusiness in den Ort: Humphrey Bogart, Frank Sinatra, Liz Taylor und Richard Burton waren nur einige der berühmten Gäste und »I lost my heart in Portofino« wurde zum Hit. Heute leben vorwiegend reiche Fremde in Portofino, die Quadratmeterpreise für Wohnungen im pittoresken Ortszentrum zählen zu den höchsten Italiens. Portofino bildet eine wunderbare Fischerdorf-Kulisse, doch ein eigenständiges Leben zeigt es längst nicht mehr. Der Andrang auswärtiger Millionäre hatte aber immerhin eine positive Folge: Der Ort und seine Umgebung wurden bereits 1935 unter Landschaftsschutz gestellt; seitdem entstanden dort kaum noch Neubauten. Die Reichen von Portofino wollten sich ihre neue Heimat nicht von Ferienhäusern verschandeln lassen, und sie hatten genug politischen Einfluss, um bereits unter dem Faschismus die Ausweisung als Naturschutzgebiet zu erreichen.

Übrigens: Eine besonders schöne Aussicht auf Portofino hat man von der Kirche **San Giorgio** [1] oberhalb des Hafens. Hier springen die Fotomotive gleichsam von selbst in die Kamera, am besten morgens, wenn die bunten Fassaden im Sonnenlicht leuchten. Auf dem Friedhof hinter der Kirche erinnern Grabsteine an die vielen Ausländer, die in Portofino lebten und starben. Neben der Kirche leitet ein Fußweg hinauf zur genuesischen Festung **Castello di San Giorgio** [2]. Ihre Gartenterrasse bietet nochmals herrliche Ausblicke, in den Burgräumen hängen Fotos der berühmten Gäste Portofinos. Der gemütliche Fußweg endet beim Leuchtturm an der **Punta del Capo** [3], wo man ein weites Panorama über den Tigullio-Golf genießt.

Buschwald über der Küste

Monte Portofino heißt das gesamte Vorgebirge zwischen Portofino und Camogli. An seinem höchsten Punkt liegt es 612 m über dem Meer. Ein Netz schmaler Wanderwege durchzieht das Gebiet. Zu Fuß kann man es problemlos an einem Tag durchqueren. Dabei genießt man schöne Ausblicke auf die Küste. Eine dichte Buschwald-Vegetation bedeckt die Landschaft: Steineichen, Pinien, Erdbeerbäume, Ginster, Lorbeer, Mastixpistazien und Baumheide sind die häufigsten Pflanzen. Manche Flächen zeigen aber auch deutliche Spuren von Waldbränden – immer wieder legen Brandstifter im trockenen Hochsommer Feuer. Auch bei Tauchern ist diese sich steil ins Meer absenkende Küste sehr beliebt. Unterwasserflora und -fauna am Monte Portofino sind besonders artenreich. Immer wieder werden in relativ geringer Entfernung vom Ufer auch Delfine und Wale gesichtet.

Boots- und Wandertouren

Die schönste Art, das Gebiet zu erkunden, ist, Schifffahrten und Wanderungen miteinander zu kombinieren. Ein solcher Ausflug beginnt am besten in Camogli (s. S. 85). In dem hübschen Hafenstädtchen lässt es sich genüsslich bummeln. Eine gut halbstündige Fahrt mit dem Linienboot führt zur Abtei **San Fruttuoso** [4] in einer einsamen Bucht des Vorgebirges (s. S. 86). Nach der Besichtigung der Abtei und vielleicht einem Mittagessen in einem der Fischrestaurants des winzigen Ortes kann man mit dem Schiff weiterfahren nach Portofino – oder sich auf die zweistündige **Wanderung** [1] machen, die auf gut markierten Wegen dorthin führt.

Am Anfang steht ein schweißtreibender Anstieg im Steineichenwald über ca. 200 Höhenmeter. Danach wandert man mit leichtem Auf und Ab und prächtigen Fernblicken hoch über dem Meer in der Steilküste – zunächst durch mediterrane Macchia, dann durch Olivenhaine und idyllische kleine Häusergruppen. Wenn man schließlich die Piazza von Portofino erreicht, hat man sich seinen Campari wohlverdient – aber Vorsicht: Die Rechnungen der Cafés und Bars wirken auch ohne vorangehende Wanderungen wie Schläge in die Magengrube! Weiter nach Santa Margherita Ligure (s. S. 85) geht es wiederum mit dem Schiff – oder mit dem Linienbus, der allerdings häufig stark überfüllt ist. Von Santa Margherita erreicht man den Ausgangspunkt Camogli mit Bus oder Bahn.

Übrigens: Der Name Portofino bedeutet nicht, wie man vermuten könnte, ›feiner Hafen‹, sondern leitet sich vom lateinischen Portus Delphini (Delfinhafen) ab.

Touristeninformation

IAT: Via Roma 35, Tel. 01 85 26 90 24, iat.portofino@provincia.genova.it.

Reisezeit

Ganzjährig, im Hochsommer ist es allerdings für die Wanderungen zu heiß. Die schönste Blütezeit des Buschwalds liegt in Mai und Juni.

Verkehrsmittel

Schiff: März–Okt. von Santa Margherita Ligure nach Portofino/San Fruttuoso, tgl. mindestens 2 x, Mai–Sept. vor allem an Wochenenden erheblich häufiger. Ganzjährig zwischen Camogli und San Fruttuoso (s. S. 87); www.traghettiportofino.it
Bus: alle 15–30 Min. von Portofino nach Santa Margherita Ligure (Bahnhof); Fahrzeit 20 Min.

Auto: Von der Anfahrt nach Portofino mit dem Auto ist abzuraten. Die Zufahrt wird entsprechend den freien Parkplätzen reguliert, Wartezeiten sind oft unvermeidlich, die Parkgebühren sehr hoch.

Essen und Trinken

Die Restaurants von Portofino sind sehr teuer. Auch die drei Fischrestaurants in San Fruttuoso sind nicht gerade billig. Evtl. also Proviant mitnehmen!

Baden

Im Paraggi bei Portofino gibt es einen guten, in der Saison kostenpflichtigen Sandstrand und einige frei zugängliche Felsbadestellen. Die idyllische Strandbucht von San Fruttuoso wird in der Badesaison mit Ankunft der ersten Fährboote schnell voll.

Einkaufsbummel ist die Stadt gut geeignet.

Chioscho della Banda Musicale
Piazza Martiri della Libertà
Der Musikpavillon aus der Zeit um 1900 zeigt auf verblichenen Fresken kuriose Porträts berühmter Komponisten und Szenen aus ihren Werken.

Basilica dei Santi Gervasio e Protasia
Corso Italia
Die Hauptkirche Rapallos (17.–20. Jh.) verbindet Eleganz mit schöner ornamentaler Ausschmückung.

Ponte Annibale
Via Annibale
Die angebliche ›Römerbrücke‹ stammt aus dem späten Mittelalter.

Madonna di Montallegro
Die Wallfahrtskirche in 600 m Höhe über dem Ort erreicht man mit der hinter dem Bahnhof beginnenden Seilbahn. Vom Kirchplatz genießt man ein großartiges Panorama und in der Umgebung kann man gut wandern.

Übernachten
Altmodisch – **Bandoni:** Via Marsala 24, Tel. 0 18 55 04 23, DZ ab 50 €. Freundliche Familienpension, viele Zimmer mit Aussicht aufs Meer.
Am Lungomare – **Riviera:** Piazza IV Novembre 2, Tel. 018 55 02 48, www. hotelrivierarapallo.com, DZ/ÜF 100–160 €. Komfortables kleines Hotel in einem Palazzo an der Uferpromenade, z. T. mit Balkon und Blick aufs Wasser. Nicht völlig ruhig.

Essen und Trinken
Gute Tradition – **Bansin:** Via Venezia 105, Tel. 01 85 23 11 19, So/Mo abends geschl., Mittagsmenü (Mo–Sa) 10 €, à la carte um 22 €. Eine Trattoria alten Stils mit schlichten Holztischen, Steinboden und Bildern von Freizeitmalern an den Wänden. Die regionalen Gerichte sind gut, im Sommer kann man draußen sitzen.

Einkaufen
Bunter Bauernmarkt – **Piazza Venezia:** Mo–Sa vormittags auf dem zentralen Platz der Stadt.
Feinkost, Weine – **Parlacomemangi:** Via Mazzini 44, www.parlacomemangi. com. Käse- und Wurstangebot in Spitzenqualität aus allen Regionen Italiens; gut sortierte Bottega (auch Bioweine).

Sport und Aktivitäten
Baden – guter **Sandstrand** in **San Michele di Pagana** (2 km Richtung Santa Margherita Ligure).
Golf, Tennis – **Circolo Golf e Tennis:** Via Mameli 377, Tel. 01 85 26 17 77, www.golfetennisrapallo.it. Am Stadtrand befindet sich einer der schönsten Golfanlagen der Region; auch einige Tennisplätze.
Wandern – Eine schöne **Tour** führt in gut 3 Std. von Montallegro nach Chiavari. Der z. T. recht schmale, mit zwei roten Quadraten markierte Weg bietet streckenweise ein herrliches Küstenpanorama.

Infos und Termine
Touristeninformation IAT: Lungomare Vittorio Veneto 7, Tel. 01 85 23 03 46, iat.rapallo@provincia.genova.it.
Bahn: etwa stdl. nach Genua und La Spezia; Intercity nach Mailand, Turin, Pisa und Rom.
Bus: häufig nach Santa Margherita Ligure und Chiavari.
Schiff: im Sommer nach Santa Margherita Ligure, Portofino und San Fruttuoso.

Festa della Madonna di Montallegro: 1.–3. Juli, s. S. 19.

Chiavari ► J 4

Beim ersten Hinschauen wirkt das von Neubauvierteln umgebene Chiavari (28 000 Einw.) wenig attraktiv. Das alte Stadtzentrum mit seinen Laubengängen, Plätzen und hübschen Geschäften lohnt aber den Besuch, zumal man hier ›echt italienische Alltagsatmosphäre‹ erlebt.

Kathedrale
Piazza Nostra Signora dell'Orto
Der Innenraum des imposanten Bauwerks, das zwischen 1613 und 1633 errichtet wurde, ist aufwendig im Barockstil gestaltet, die Fassade stammt aus dem 19. Jh.

Palazzo di Giustizia
Piazza Mazzini
Das ehemalige Gerichtsgebäude wurde erst im späten 19. Jh. erbaut. Täuschend echt im ›mittelalterlichen‹ Stil – nur der Turm ist mehr als 450 Jahre alt.

Via Martiri della Liberazione
Die hübsche autofreie Hauptstraße im Ortskern birgt unter ihren niedrigen Bogengängen zahlreiche Läden und Cafés.

Museo Archeologico
Palazzo Rocca, Di–Sa sowie 2. und 4. So im Monat 9–13.30 Uhr
Ausgestellt sind Funde aus einer Nekropole der ligurischen Urbevölkerung (8./7. Jh. v. Chr.), u. a. Schmuck, Keramik und Waffen.

Übernachten
Im Centro storico – **Monterosa:** Via Marinetti 6, Tel. 01 85 30 03 21, www.hotelmonterosa.it, DZ/ÜF je nach Ausstattung 95–150 €. Das ruhig im Zentrum gelegene Drei-Sterne-Hotel bietet guten Komfort und einen angenehm freundlichen Empfang.

Essen und Trinken
Klassische Osteria – **Luchin:** Via Bighetti 51, Tel. 01 85 30 10 63, Mo–Sa, Menü um 22 €. In dem beliebten Lokal mit über 100-jähriger Tradition herrscht gute Stimmung, das herrliche Einrichtungsdurcheinander allein lohnt den Besuch. Typische Regionalküche, die *farinata* (Kichererbsenpizza) ist hier besonders gut.
Leger mit Niveau – **Vino e Cucina:** Via Bighetti 107, Tel. 01 85 30 55 36, Di–So nur abends, Menü um 30 €. In lockerem Ambiente gibt es ungewöhnliche Gerichte, wie die Cannelloni von Wildlachs mit Kartoffel-Lauch-Creme.
Historische Cafés – **Bar-Pasticceria Copello:** Via Martiri della Libertà 164, Mi–Mo. Das kleine Café hat die Jugendstil-Einrichtung von 1911 bewahrt. Ein weiteres altes Kaffeehaus ist das **Defilla** an der Piazza Matteotti.

Einkaufen
Märkte – hübscher **Lebensmittelmarkt:** Mo–Sa vormittags, Piazza Mazzini. Großer **Wochenmarkt:** Fr, Piazza Matteotti. **Antiquitätenmarkt:** 2. Wochenende im Monat, Via Martiri della Liberazione.
Wein – **Enoteca Bisson:** Corso Gianelli 28, Tel. 01 85 31 44 62, Mittwochnachmittag geschl. Die renommierte Weinhandlung beim Bahnhof verkauft Spitzenweine aus allen italienischen Regionen, daneben auch günstige Fassweine.

Sport und Aktivitäten
Baden – breite **Sand- und Kiesstrände** Richtung Lavagna und Cavi.

Infos und Termine

Touristeninformation IAT: Corso Assarotti 1 (beim Bahnhof), Tel. 01 85 32 51 98, iat.chiavari@provincia.genova.it.

Bahn: etwa stdl. nach Genua und La Spezia; Intercity nach Mailand, Turin, Pisa und Rom.

Bus: etwa stdl. nach Rapallo, halbstdl. nach Sestri Levante. Tgl. 6 x nach Santo Stefano d'Aveto.

Festa della Madonna dell'Orto: 2. Juli in Chiavari, s. S. 19.

Festa della Torta dei Fieschi: 14. Aug. in Lavagna, s. S. 20.

In der Umgebung

Basilica dei Fieschi (► J 4): in 4 km Entfernung bei Lavagna. Der Bau im romanisch-gotischen Übergangsstil zählt zu den schönsten Kirchen der Riviera di Levante.

Parco Naturale dell'Aveto (► J/K 2–4): Das Naturschutzgebiet im Hinterland von Chiavari bietet frische Bergnatur mit Buchenwäldern und Blumenwiesen im hier bis 1800 m hohen, stellenweise schon alpinen Apennin.

Sestri Levante ► J 4

Die lebendige Kleinstadt (19 700 Einw.) liegt auf einer Halbinsel am Südende des Tigullio-Golfs. Im Hochsommer herrscht hier viel Badebetrieb, denn mitten im Ort befinden sich schöne Sandstrände, vor allem in der malerischen, von bunten Häusern umstandenen ›Bucht der Stille‹ (Baia del Silenzio). Die Hauptflaniermeile im Zentrum, die Via XXV Aprile, säumen hübsche Fassaden mit Schieferreliefs und aufgemalter Scheinarchitektur.

Übernachten

Zentral und strandnah – **San Pietro:** Via Palestro 13, Tel. 018 54 12 79, www.albergoristorantesanpietro.it, DZ 70 €. Das ordentliche Ein-Stern-Hotel liegt in der Altstadt nahe der Baia del Silenzio.

In guter Familie – **Marina:** Via Fasce 100, Tel. 01 85 48 73 32, www.marina hotel.it, DZ/ÜF 70–90 €. Ein sympathisch-familiäres Haus mit blumengeschmücktem Innenhof. Die Zimmer sind einfach, aber korrekt.

Traumpanorama – **Helvetia:** Via Cappuccini 43, Tel. 018 54 11 75, www.ho telhelvetia.it, DZ/ÜF 190–280 €. Gepflegtes 4-Sterne-Hotel in einem historischen Palazzo direkt an der ›Bucht der Stille‹. Von der Dachterrasse genießt man eine herrliche Aussicht, hübscher Garten.

Camping – **Tigullio:** Via Sara 111, Tel. 01 85 45 54 55, www.tigullio.com. Guter schattiger Platz, 3 km außerhalb Richtung Casarza Ligure.

Essen und Trinken

Altstadttreff – **Osteria Mattana:** Via XXV Aprile 34, Tel. 01 85 45 76 33, Di–So abends, Okt.–Mai auch Sa/So mittags, Menü um 23 €. Im beliebten Lokal mit lockerem Ambiente sitzt man an langen Holztischen. Die Küche bietet gute kleine und günstige Gerichte.

Mit Anspruch – **Della Mandrella:** Viale Dante 37, Tel. 018 54 27 16, Mi–Mo, Menü 25–35 €. Feine Küche mit ausgefallenen Gerichten wie Rigatoni mit Artischocken oder Seebarsch im Sesammantel; freundlicher Service.

Einkaufen

Markt – **Wochenmarkt:** Sa vormittags auf der Piazza Aldo Moro.

Mode-, Schuh- und Antiquitätengeschäfte – **Fußgängergasse Via XXV Aprile.**

Süßes – **Rossignotti:** Via XXV Aprile 1. Die Einrichtung der Pasticceria stammt noch vom Beginn des 20. Jh. Neben Ku-

Traumbucht – in der Baia del Silenzio ist es morgens oder abends am schönsten

chen und Keksen gibt es Torrone, den weißen weichen Nougat aus Eigenproduktion.

Ausgehen

Tanzen – **Piscina dei Castelli:** Piazzale del Porto, Tel. 01 85 48 00 01. Beliebter Tanzschuppen am Hafen mit vier Tanzflächen und wechselndem Musikprogramm. **Circolo Virgola:** Via Santa Vittoria 4, Tel. 01 85 48 02 53, Di, Sa, im Sommer auch Do. Hier treffen sich die reiferen Jahrgänge zum Tanz.

Sport und Aktivitäten

Baden – gute **Strände:** im Norden der Halbinsel die breite **Baia delle Favole** (Märchenbucht), im Süden die schöne **Baia del Silenzio.**
Segeln, Surfen, Paddeln – **Tigullio Sail:** Lungomare Descalzo, Tel. 01 85 48 00 00, www.tigulliosail.it, Segel-, Surf- und Kanukurse, auch für Kinder.

Infos und Termine

Touristeninformation IAT: Piazza San Antonio 10, Tel. 01 85 45 70 11, www.sestri-levante.net.
Bahn: etwa stdl. nach Genua und La Spezia; Intercity nach Mailand, Turin, Pisa und Rom.
Bus: halbstdl. nach Chiavari, mehrmals tgl. nach Varese Ligure.

In der Umgebung

Varese Ligure (▶ K 3): Die Apennin-Kleinstadt hat sich in den letzten Jahren einen Ruf als ›Öko-Stadt‹ erworben. Viele Bauern der Gegend betreiben Landwirtschaft nach Bio-Kriterien. Der kreisrunde Wohnbezirk Borgo Rotondo im Ortszentrum geht noch auf das 15. Jh. zurück, nahebei schwingt sich die mittelalterliche Ponte Grecino über den kleinen Fluss Crovana.

Moneglia ▶ K 4

Moneglia ist ein gutes Standquartier für einen Strandurlaub, Wanderungen und Ausflüge. Der ruhige Ort (2800 Einw.) hat eine vor starkem Seegang geschützte Badebucht. Das Hotelangebot ist gut. Mit dem Zug erreicht man in knapp 30 Min. das Wandergebiet der Cinque Terre.

San Giorgio

In der gotischen Kirche (15. Jh.) sind das Gemälde »Anbetung der Könige« des aus Moneglia gebürtigen Luca Cambiaso (16. Jh.) und die volkstümliche Holzskulptur des hl. Georg (18. Jh.) bemerkenswert.

Übernachten

Solide – **Gian Maria:** Corso Longhi 14, Tel. 018 54 93 35, www.albergogianmaria.it, DZ/ÜF 76–96 €. Das zentral gelegene Zwei-Sterne-Hotel in Strandnähe ist eine ordentliche Adresse in der unteren Preisklasse.

Auf dem Land – **La Vigna:** Via Provinciale 72, Tel. 01 85 48 27 30, www.hotellavigna.it, DZ/ÜF 100–120 €, Halbpension ab 60 € p. P. Freundlich geführtes, gutes Hotel mit 24 Zimmern im Dorf San Saturnino 3 km nördlich von Moneglia, mit Garten und Schwimmbad, viele Stammgäste.

Camping – **Le Grigue:** Ortsteil Dollera, 15 Min zu Fuß zum Ort, Tel. 34 76 08 79 76, www.legrigue.it. Kleiner, schön gelegener Platz in den Olivenhügeln, keine Wohnmobile, Vermietung von aufgestellten Hauszelten.

Essen und Trinken

Gemütlich – **Da U Limottu:** Piazza Marengo 13, Tel. 018 54 98 77, Mo–So mittags und abends, Menü um 28 €. Das anheimelnde Lokal in einem Backsteingewölbe bietet eine reiche Auswahl regionaler Gerichte; im Sommer Tische auf der Piazza.

Sport und Aktivitäten

Baden – durch Molen geschützter, für Kinder gut geeigneter **Sandstrand.**

Wandern – Die gesamte Küste von **Sestri Levante** bis **Portovenere** bietet herrliche Touren auf markierten Wegen.

Infos und Termine

Touristeninformation Pro Loco: Corso Longhi 32, Tel. 01 85 49 05 76, www.monegliaonline.it.
Bahn: häufig Richtung Genua und Cinque Terre/La Spezia.

In der Umgebung

Framura (▶ K 4): Der Ort besteht aus drei übereinander am Küstenhang liegenden Weilern und bietet intakte, einsame Natur am Meer. Ein schöner Wanderweg führt vom Bahnhof in zwei Stunden nach Bonassola.

Levanto ▶ K 5

Der größte Ort im dünn besiedelten Küstenabschnitt zwischen Sestri Levante und La Spezia dient vielen Touristen als Standquartier für Ausflüge in die nahen Cinque Terre. Die lebendige Kleinstadt (6500 Einw.) eignet sich gut für Bade- und Wanderferien, ebenso wie der ruhigere Nachbarort Bonassola.

Sant'Andrea

Der gotische Bau am östlichen Ortsrand hat ein schönes Rosenfenster. Die Fassade zeigt das in Ligurien häufige Streifenmuster. Hinter der Kirche zieht sich die mittelalterliche Stadtmauer zu einer Burgruine des 12. Jh. hinauf.

Übernachten

Jugendherberge – **Ostello Ospitalia del Mare:** Via San Nicolò 1, Tel. 01 87 80 25 62, www.ospitaliadelmare.it, Ü/F im Meerbettzimmer 17–27 €, DZ/ÜF um 55 €. Neu, in einem ehemaligen Kloster, gute Ausstattung, keine Altersbeschränkung, kein JH-Ausweis erforderlich.

Günstig – **La Loggia:** Piazza del Popolo 5, Tel. 01 87 80 81 07, DZ 70 €. Kleine, aber ordentliche Zimmer, zentrale und doch recht ruhige Lage hinter der Loggia del Comune.

Schöne Aussicht – **Villa Belvedere:** Via A. Serra 33, Bonassola, Tel. 01 87 81 36 22, www.bonassolahotelvillabelvedere.com, DZ/ÜF 120–140 €. Die 16 Zimmer des am Küstenhang über Bonassola gelegenen Hotels haben z. T. Meerblick; gemütlicher Garten.

Traumlage – **La Giada del Mesco:** Ortsteil Mesco (3 km südlich), Tel. 01 87 80 26 74, www.lagiadadelmesco.com, DZ/ÜF um 150 €. Das kleine Hotel liegt hoch über der Küste, fast alle Zimmer haben eine Aussichtsterrasse mit Meerblick.

Camping – **Acqua Dolce:** Via Semenza 5, Tel. 01 87 80 84 65, www.campingacquadolce.com. Am Ortsrand, schattig unter Ölbäumen, in der Saison oft sehr voll.

Essen und Trinken

Weinstube – **La Vineria:** Piazza Staglieno 28, Tel. 01 87 80 72 39, Fr–Mi 18–2 Uhr, Panini und kleine Gerichte ab 5 €. Weinlokal mit breitem Angebot aus allen italienischen Regionen, dazu gibt's gute belegte Brote und kleine Gerichte.

Fisch vom Feinsten – **L'Oasi:** Piazza Cavour, Tel. 01 87 80 08 56, Do–Di, Menü 35–50 €. Eines der besten Fischlokale der Gegend. Fangfrischer Fisch wird hier vorzüglich zubereitet. Gut sind auch die Antipasti und die Muschel-Spaghetti.

Einkaufen

Wein – **Enoteca Le Tumeline:** Via Don Emanuele Toso 1, Tel. 01 87 87 00 01. Gutes Weinangebot vor allem aus den Regionen Ligurien, Toscana, Piemont, Friaul.

Levanto gehört für erfahrene **Surfer** zu den besten Plätzen der italienischen Küste. Die Wellen können hier bis zu 4 m hoch werden, wenn der Südwestwind Libeccio weht. Bis zu 100 Tage im Jahr herrschen gute Surfbedingungen. Die idealen Monate sind meist September bis November.

Sport und Aktivitäten

Baden – breiter **Sandstrand,** gut für Kinder geeignet.

Wandern – Ein schöner rot-weiß markierter **Küstenpfad** führt in 2 Std. 30 Min. über das Vorgebirge von Mesco nach Monterosso; Einstieg beim Castello di San Giorgio.

Tauchen – **Diving Center Cartura:** Via Zoppi 58, Tel. 01 87 80 87 66, www.divingcartura.it. Gute Tauchplätze an den Steilfelsen der Punta Mesco.

Kanu und Surfen – **Ondasport:** Via Mazzini 8, Tel. 01 87 80 14 83. Kurse und Verleih.

Infos und Termine

Touristeninformation IAT: Piazza Mazzini, Tel. 01 87 80 81 25; www.occhioblu.it (private Seite, auch auf Deutsch).

Bahn: häufig nach Sestri Levante/Genua und durch die Cinque Terre nach La Spezia; Intercity nach Mailand und Pisa/Livorno.

Festa di San Giacomo: am 25. Juli, s. S. 20.

In der Umgebung

Bonassola (▶ K 5): Der kleine Nachbarort liegt schön in einer geschützten Bucht mit breitem Sand- und Kiesstrand. Er eignet sich als ruhiger Aufenthaltsort für einen Bade- oder Wanderurlaub. Ein gemütlicher Radweg führt am Meer entlang nach Levanto.

Die Cinque Terre und der Golf von La Spezia

Monterosso ▶ Karte 3, C 2

Die Region der **Cinque Terre** ist als Wandergebiet weltweit bekannt geworden (direkt 13▶ S. 99). Monterosso (1700 Einw.), das größte der ›fünf Dörfer‹, wirkt zwar nicht so pittoresk wie die anderen Orte des Gebiets. Dafür findet man hier die meisten Hotels, Restaurants und Geschäfte sowie den besten Strand der Gegend.

San Giovanni Battista
Die Kirche aus dem 13. Jh. hat an der Fassade ein fein gearbeitetes gotisches Rosenfenster.

Übernachten
Hotels sind durch den Cinque-Terre-Boom teuer, für Privatzimmer und -wohnungen zahlt man meist weniger (ab 30 €/Person und Tag). Eine Liste der Vermieter erhält man beim Touristenbüro.
Klösterlich – **Santuario Madonna di Soviore:** Ortsteil Soviore (5 km außerhalb Richtung Pignone), Tel. 01 87 81 73 85, www.soviore.it, DZ/ÜF 80–85 €, Halbpension 55–60 € p. P. Die schön in den Hügeln über dem Ort gelegene Unterkunft verfügt über 50 schlichte Zimmer mit Bad in einem ehemaligen Klostertrakt.
Im Centro storico – **Degli Amici:** Via Buranco 20, Tel. 01 87 81 75 44, www. hotelamici.it, DZ/ÜF 100–190 €. Das angenehme Drei-Sterne-Hotel im Ortskern besitzt einen hübschen Orangengarten mit Meerblick.

Essen und Trinken
Die Qualität stimmt – **Santuario Madonna di Soviore:** Tel. 01 87 81 73 85, Mi–Mo, Menü um 20 €. Die Trattoria der Klosterunterkunft von Soviore (s. o.) wirkt auf den ersten Blick fast asketisch schlicht. Man bekommt hier aber gut gekochte ligurische Gerichte wie Pesto-Nudeln.
Frischer Fisch – **Miky:** Via Fegina 104, Tel. 01 87 81 76 08, Mi–Mo, Menü um 40 €. Restaurant an der Uferpromenade mit gepflegter Fischküche, die das gehobene Preisniveau durchaus rechtfertigt.

Sport und Aktivitäten
Baden – breiter **Sand- und Kiesstrand** unmittelbar beim Ort.
Wandern – Herrliche **Küstenpfade** führen in 2 Std. 30 Min. von Monterosso nach Levanto sowie über Vernazza nach Corniglia (s. S. 102). Auf dem gepflasterten Pilgerweg **Sentiero per Madonna di Soviore** erreicht man in ca. 1 Std. 30 Min. die Kirche von Soviore (Weg Nr. 9).

Infos
Touristeninformation: Il Parco Nazionale, Via Fegina 38 (Bahnhof), Tel. 01 87 81 70 59, www.parconazionale5terre.it
Bahn: häufig Regionalzüge nach La Spezia mit Halt in den Cinque-Terre-Dörfern und nach Sestri Levante/Genua; tgl. 7 x Intercity nach Genua/Mailand und Pisa/Livorno. ▷ S. 102

13 | Traumpfade über der Küste – Wandern in den Cinque Terre

Karte: ▶ Karte 3

Jahrhundertelang lagen die Cinque Terre fast außerhalb der bekannten Welt. Das schwer zugängliche Gebiet der ›fünf Dörfer‹ im äußersten Südosten der Riviera war nur mit dem Schiff oder auf schmalen Maultierpfaden erreichbar. Heute fahren jährlich Tausende von Touristen in die Cinque Terre.

Bunte Häuser drängen sich in schmalen Buchten aneinander, darüber erhebt sich die Steilküste, deren Hänge einst mit Weinreben und Ölbäumen bepflanzt waren. Keine Neubauten verschandeln die Ufer, keine Straße verläuft am Meer entlang. Die kleinen Orte **Monterosso** (s. S. 98), **Vernazza** (s. S. 102), **Corniglia** (s. S. 102), **Manarola** (s. S. 103) und **Riomaggiore** (s. S. 104) sind nur durch die in Tunneln verborgene Eisenbahn und die alten Fußwege miteinander verbunden. Und das

soll auch so bleiben. Die Cinque Terre zählen heute zum Weltkulturerbe der UNESCO und stehen als Nationalpark unter besonderem Schutz.

Aufregende Pfade

Nur noch der kleinere Teil des Landes wird heute kultiviert, denn die Arbeit auf den steilen Terrassenhängen ist mühselig und wenig ertragreich. Die wichtigste Einkommensquelle der Einheimischen bildet mittlerweile der Tourismus. Vor allem bei Wanderern sind die Cinque Terre weltweit bekannt geworden, denn die alten Verbindungswege zwischen den Orten führen durch eine aufregend schöne Landschaft. Man genießt weite Ausblicke über das Meer und die Vegetation ist äußerst abwechslungsreich.

Die schmalen, oft steinigen Pfade der Cinque Terre sind keine Spazierwege. Gutes Schuhwerk, am besten leichte Wanderschuhe, ist erforderlich. Vor allem im Frühjahr und Herbst wird es

Die Cinque Terre und der Golf von La Spezia

auf den Wegen unerfreulich voll; dann wandert man am besten am frühen Morgen oder spätnachmittags

Der beliebteste Weg

Die klassische Cinque-Terre-Tour verbindet alle fünf Dörfer miteinander. Auf dieser Strecke muss man Eintritt zahlen (6 €, für zwei Tage 9,70 €). Mit dem Geld werden Wege und Terrassen instand gehalten. Auf einem gut markierten Pfad gelangt man von **Monterosso** ❶ in knapp zwei Stunden nach Vernazza. Dabei muss man zunächst auf steilem Treppenanstieg 200 m Höhe gewinnen, anschließend führt der Pfad am Hang mit herrlicher Aussicht weiter. Hinter **Vernaz-**

za ❷ geht es nochmals auf rund 200 m Höhe, dann erreicht man in einem allmählichen Abstieg nach ca. 1 Std. 30 Min. das auf einem Hügel über dem Meer gelegene **Corniglia** ❸. Viele Treppenstufen führen zum Bahnhof am Meer, danach ist der Küstenpfad auf unabsehbare Zeit gesperrt. Nach **Manarola** ❺ muss man daher ab Corniglia-Ort die längere Route über **Volastra** ❹ nehmen.

Wandern in den Weinterrassen

Auch die Strecke von Corniglia über Volastra nach Manarola bildet einen Höhepunkt der Cinque-Terre-Touren. Sie ist zwar vergleichsweise kurz (rund 3 Std. reine Gehzeit), aber dennoch nicht zu unterschätzen: Zunächst geht es 350 m steil hinauf. Doch der Blick über die berühmten Weinterrassen der Cinque Terre lohnt die Anstrengung. Mit ihren über Jahrhunderte in mühseliger Handarbeit aufgeschichteten Natursteinmauern bilden sie ein Landschaftskunstwerk eigener Art. Von Volastra führt ein Treppenabstieg durch Ölbaumhaine zurück ans Meer. Von Manarola wandert man auf dem berühmten Küstenweg Via dell'Amore nach **Riomaggiore** ❻ (ab Manarola 25 Min.). Nach der vorangehenden Strecke wirkt er allerdings etwas enttäuschend: Auf

Cinque Terre

1,5 km

dem nur gut einen Kilometer langen Pflasterweg bewegen sich Massen von Spaziergängern, obwohl auch für diese Kurzstrecke 5 € zu zahlen sind.

Dramatische Steilküste

Eine weitere spannende Wanderung führt von **Riomaggiore** 6 nach **Portovenere** 8 (s. S. 109). Bei der knapp fünfstündigen Tour sind 600 Höhenmeter An- und Abstieg zu bewältigen. Auf einem gepflasterten Pilgerweg geht es zunächst hinauf zur hoch über der Küste gelegenen Wallfahrtskirche Madonna di Montenero, dann steigt der Weg sanfter an. Durch mediterrane Wälder erreicht man das Dorf **Campiglia** 7. Hier könnte man die Wanderung abbrechen und mit dem Bus nach La Spezia fahren. Auf dem nächsten Stück folgt allerdings ein spektakulärer Abschnitt: Der Pfad windet sich mit weiten Ausblicken hoch über dem Meer. Schließlich geht es steil hinab zum pittoresken **Portovenere** 8 am Ausgang des Golfs von La Spezia. Empfehlenswert ist die Rückfahrt von Portovenere mit dem Schiff, am besten bis Monterosso – dabei sieht man die gesamte Cinque-Terre-Küste vom Meer aus.

Planung

Von Monterosso nach Riomaggiore (rund 6 Std. 30 Min. reine Gehzeit) ist man mit Besichtigung der Dörfer 1,5 bis zwei Tage unterwegs. Riomaggiore–Portovenere ist ein großer Tagesausflug, Corniglia–Volastra–Manarola mit Pausen 3–4 Std. Die beste Zeit ist Mitte Sept.–Mitte Juni, Winter ist möglich, im Hochsommer ist es meist zu heiß. Schönste Blütezeit: April–Juni.

Verkehrsmittel

Rückfahrt per Bahn oder Schiff (s. S. 103); ab Portovenere mit Bus/Bahn über La Spezia oder mit dem Schiff (letzte Fahrt gegen 17 Uhr).

Informationen für Wanderer

In den Cinque Terre und der näheren Umgebung gibt es zahlreiche weitere schöne **Wanderwege.** Karten und detaillierte Führer sind (auch auf Deutsch) vor Ort erhältlich, z. B. in Monterosso im Zeitungsgeschäft Piazza Colombo 5, in Corniglia in der Bar Matteo, in Levanto im Buchladen Oppecini, Corso Italia 14. **Im Internet:** www.parconazionale5 terre.it, www.5terre.de.

Vernazza ► Karte 3, C 2/3

Der malerischste Ort der Cinque Terre ziert die Titelseiten zahlreicher Ligurien-Bücher. Die perfekte Idylle des autofreien Dorfes (700 Einw.) wird allerdings durch den enormen Besucherandrang gestört – in der schmalen Hauptgasse drängen sich in der Saison die Massen. Den ›Postkartenblick‹ auf den Ort genießt man vom Wanderweg nach Corniglia nach zehnminütigem Anstieg.

Santa Margherita
Die 1318 erbaute gotische Pfarrkirche steht direkt an der pittoresken Hafen-Piazza.

Übernachten
Eine Liste der Privatunterkünfte (DZ ab ca. 65 €) erhält man in der Touristeninformation.
Über den Dächern – **Gianni:** Piazza Marconi 5 (Rezeption), Tel. 01 87 82 10 03, www.giannifranzi.it. DZ/ÜF 85–100 € (ohne Bad), 120 € (mit Bad), im Winter günstiger. Persönlich eingerichtetes kleines Hotel in schöner Lage im alten Ort, kleine Zimmer; langfristig reservieren!
Unten am Hafen – **Barbara:** Piazza Marconi 30, Tel. 01 87 81 23 98, www.albergobarbara.it, DZ 55–65 € (ohne Bad), 70–110 € (mit Bad) Einfaches Hotel an der Hafen-Piazza mit 9 schlichten, aber sauberen Zimmern, z. T. ohne Bad.

Essen und Trinken
Die Restaurantpreise sind hoch, insbesondere am Hafen, aber nur im sehr teuren **Gambero Rosso** ist die Qualität überdurchschnittlich.
Solide – **Il Baretto:** Via Roma 31, Tel. 01 87 81 23 81, Di–So, Menü um 30 €. Die sympathische Trattoria an der Hauptgasse ist preiswerter, kostet aber immer noch Vernazza-Aufschlag. Sie bietet schmackhafte Traditionsküche

mit Schwerpunkt auf Fisch. Sehr gut sind die Tintenfischnudeln *(tagliolini al nero di seppie).*
Rustikal mit Niveau – **Cantina da Mananàn:** Corniglia, Via Fieschi 117, Tel. 01 87 82 11 66, Mi–Mo, mittags nur unregelmäßig geöffnet, Menü ab ca. 30 €. Im alten Zentrum von Corniglia serviert der Chef Agostino Galletti in einem kleinen Gewölbelokal perfekt gekochte ligurische Gerichte wie Kaninchen mit Oliven oder Pasta mit Walnuss-Soße *(pansotti alla salsa di noci).* Nur wenige Plätze, unbedingt reservieren!

Sport und Aktivitäten
Baden – In Vernazza gibt es nur kleine **Felsplätze.** Besser badet man in Monterosso (s. S. 98).
Wandern – s. S. 99

Infos und Termine
Touristeninformation: Il Parco Nazionale, im Bahnhof, Tel. 01 87 81 25 33, www.parconazionale5terre.it
Bahn: häufig mit Halt in den Cinque-Terre-Dörfern nach Levanto/Genua und La Spezia.
Schiff: s. Tipp S. 103
Auto: Parken beim oberen Ortseingang; 12 € pro Tag, 70 € pro Woche.

In der Umgebung
Corniglia (► Karte 3, D 3): Der Nachbarort liegt als einziges Cinque-Terre-Dorf nicht direkt am Meer, sondern auf einem 80 m hohen Felssporn. Die im Jahr 1334 erbaute Kirche San Pietro zeigt die für die Cinque Terre typische Streifenmusterfassade und ein fein gearbeitetes Marmor-Rosenfenster. Eine schmale Fußgängergasse führt in den alten Ortskern. Über die gemütliche kleine Piazza hinweg erreicht man einen Aussichtsbalkon am Rand der Steilabbrüche.

Manarola ► Karte 3, E 4

Manarola, eines der fünf Dörfer der Cinque Terre, hat viele italienische Künstler des 20. Jh. angezogen. Die Silhouette des Ortes (700 Einw.) wirkt wie ein kubistisches Gemälde. Heute laufen statt der Maler Touristen aus aller Welt durch die engen Gassen. Zum nahen, ebenfalls sehr malerischen Nachbarort Riomaggiore führt die Küstenpromenade ›Via dell'Amore‹, der wohl meistbegangene italienische Fußweg.

San Lorenzo

Die Ortskirche zeigt außen ein schönes Rosenfenster (um 1350), innen ein gemaltes Kruzifix und zwei Flügelaltäre aus dem 15. Jh.

Übernachten

Jugendherberge – **Ostello Cinque Terre:** Via Riccobaldi 21, Tel. 01 87 92 02 15, www.hostel5terre.com, Übernachtung im Mehrbettzimmer 21–25 €, im DZ ohne Bad 55–70 €. Die vorzügliche Jugendherberge mit schöner Dachterrasse ist sehr beliebt bei amerikanischen Jugendlichen, langfristige Reservierung empfohlen! Kein JH-Ausweis erforderlich, keine Altersbegrenzung.

Von privat – Privatunterkünfte (ab ca. 55 € für ein DZ) findet man u. a. über Agenturen im benachbarten Riomaggiore: **Edi Vesigna:** Via Colombo 111, Tel. 01 87 92 03 25, edi-vesigna@iol.it. **Agenzia Fazioli:** Via Colombo 94, Tel. 01 87 92 09 04, robertofazioli@libero.it.

Familiär – **Ca d'Andrean:** Via Discovolo 101, Tel. 01 87 92 00 40, www.cadandrean.it, DZ 80–105 €. Die Vorzüge dieses angenehmen Dorfhotels sind die geräumigen Zimmer und der kleine Garten.

Am Hafen – **Marina Piccola:** Via Discovolo 192, Tel. 01 87 92 01 03, www.

Die **Bootsfahrt** entlang der Cinque-Terre-Küste sollte man sich nicht entgehen lassen. Von April bis Oktober fahren täglich mehrmals Ausflugsschiffe von Monterosso über Vernazza, Manarola und Riomaggiore nach Portovenere. In der Saison sind sie zwar häufig überfüllt, aber die Fahrt lohnt auf jeden Fall: Der Blick auf die Steilküste und die malerischen Küstenorte ist wirklich einmalig! Navigazione Golfo dei Poeti, Tel. 01 87 73 29 87, www.golfodeipoeti.com.

hotelmarinapiccola.com, DZ/ÜF 120 €. Angenehme, allerdings z. T. sehr kleine Zimmer, in der Dependance einige Räume mit Balkon und Meerblick.

Kunst und Küstenblick – **Villa Argentina:** Riomaggiore, Via De Gasperi 170, Tel. 01 87 92 02 13, www.villaargentina.com, DZ/ÜF 94–139 €. Einige Zimmer des Hotels am oberen Dorfrand haben Balkone mit schöner Aussicht. Die Rezeption ist mit Originalen italienischer Künstler des 20. Jh. geschmückt, die in den Cinque Terre gemalt haben.

Essen und Trinken

Tafeln mit Traumblick – **Billy:** Via Rollandi 122, Tel. 01 87 92 06 28, Fr–Mi, Menü um 30 €. Das Schönste an der Trattoria im oberen Ortsteil ist der Blick auf Manarola, die Küche ist eher durchschnittlich.

Ländliche Raffinesse – **Cappun Magru:** im Ortsteil Groppo (2 km von Manarola), Reservierung unerlässlich, Tel. 01 87 92 05 63, außer So nur abends geöffnet, Mi–So, Menü 40–45 €. Experimentelle, kreative Küche von bester Qualität in einem winzigen Dorflokal – der Chef Maurizio Bordoni bringt gewagte, aber stimmige Gerichte auf den Tisch, etwa Spinat- und Birnen-Cannelloni mit Parmesancreme oder Rinderfilet mit grünem Pfeffer und Feigen.

Sport und Aktivitäten

Baden – hübsche **Felsbadeplätze** in Manarola und Riomaggiore.

Wandern – s. S. 99

Tauchen – **Diving Cinqueterre:** Via San Giacomo 54, Riomaggiore, Tel. 01 87 92 00 11, www.5terrediving.it; Tauchkurse und -exkursionen, auch Kanuverleih.

Infos und Termine

Touristeninformation: Il Parco Nazionale, im Bahnhof, Tel. 01 87 76 05 11, www.parconazionale5terre.it

Bahn: häufig über die Orte der Cinque Terre nach Levanto/Genua und La Spezia.

Schiff: s. S. 103

In der Umgebung

Riomaggiore (► Karte 3 E 4): Auch das nahe gelegene Riomaggiore bietet ein malerisches Bild: Gelbe, rosa- und ockerfarbene Häuserfassaden stehen am Steilhang über dem kleinen Hafen, wo bunte Fischerboote auf den Wellen schaukeln. Ein gepflasterter Pilgerpfad führt in einer knappen Stunde hinauf zur Wallfahrtskirche Madonna di Mon-

Der **Weinbau** hat in den Cinque Terre eine lange Tradition. Auf steilen Hangterrassen werden überwiegend leichte Weißweine produziert. Eine Besonderheit ist der überregional bekannte **Sciacchetrà** (sprich: Schacketra), ein natursüßer, aromatischer Dessertwein mit hohem Alkoholgehalt, der aus sorgfältig ausgesuchten überreifen Trauben gekeltert wird. Ein traditionell hergestellter Sciacchetrà kostet ca. 35 € die Flasche.

tenero, einem der schönsten Aussichtsplätze der Cinque Terre.

La Spezia ► L 5

La Spezia, der wichtigste Marinehafen Italiens, wird durch Militär und Industrie geprägt. Abgesehen von ihren **Museen** (**direkt 14**) S. 106) bietet die Stadt (96 600 Einw.) kaum touristischen Attraktionen. Im autofreien Zentrum kann man aber angenehm bummeln und ›normalen‹ italienischen Alltag erleben. Es gibt günstige Einkaufsmöglichkeiten, einen lebendigen Lebensmittelmarkt und gute Lokale. Nahebei bietet die Küste am **Golfo dei Poeti** lohnende Ausflugsziele (**direkt 15**) S. 109).

Übernachten

Zentral und günstig – **Il Sole** [1]: Via Cavallotti 31, Tel. 01 87 73 51 64, www.albergoilsole.com, DZ (z. T. ohne Bad) 45–65 €. Das einfache, früher etwas heruntergekommene Ein-Stern-Hotel wurde von den neuen Wirten gemütlich hergerichtet.

Am Marktplatz – **Genova** [2]: Via Fratelli Rosselli 84, Tel. 01 87 73 29 72, www.hotelgenova.it, DZ/ÜF 100–120 €. Gutes Drei-Sterne-Hotel in einem alten Stadthaus in der Nähe der Markthalle, freundlicher Empfang.

Essen und Trinken

Gute Tradition – **Osteria dell'Inferno** [1]: Via L. Costa 3, Tel. 0 18 72 94 58, Mo–Sa, Menü um 18 €. Eine lebendige Trattoria in der Nähe des Lebensmittelmarktes. Spezialität des 1905 gegründeten Lokals ist die *mescüa* (Getreidesuppe mit Kichererbsen), ein typisches Gericht der früheren Arme-Leute-Küche. Aber auch die anderen ligurischen ›Klassiker‹ werden sehr solide gekocht, z. B. Nudeln mit Pesto oder Tintenfisch.

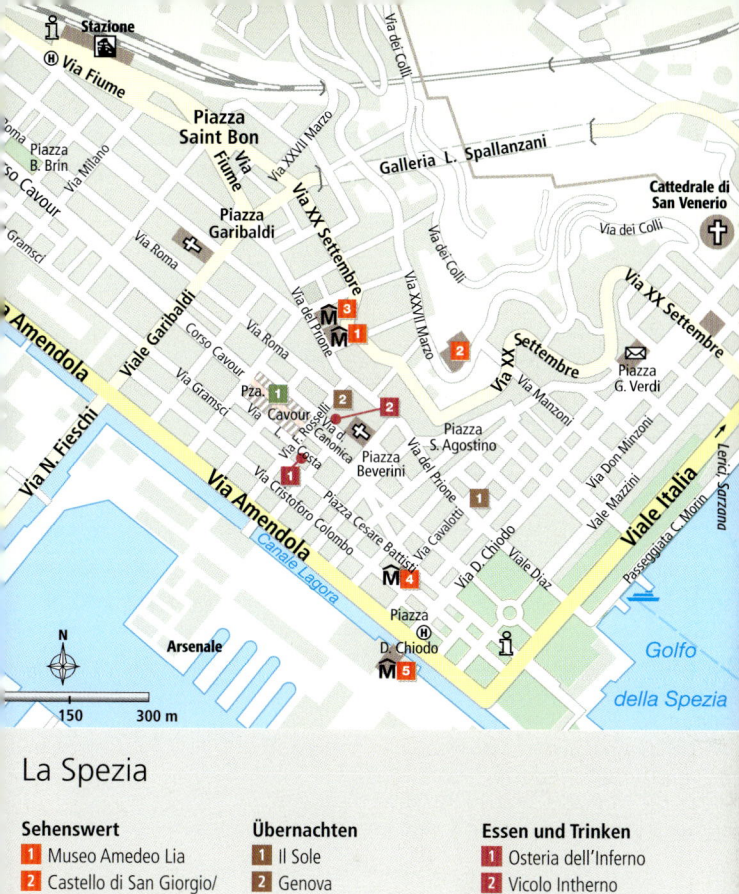

La Spezia

Sehenswert
1 Museo Amedeo Lia
2 Castello di San Giorgio/
   Archäologiemuseum
3 Siegelmuseum
4 Centro d'Arte Moderna
5 Schifffahrtsmuseum

Übernachten
1 Il Sole
2 Genova

Essen und Trinken
1 Osteria dell'Inferno
2 Vicolo Intherno

Einkaufen
1 Markthalle

---

*Markt-Osteria – **Vicolo Intherno** 2*:
Via della Canonica 21, Tel. 018 72 39
98, Mo–Sa, Menü um 24 €. Die kleine
sympathische Osteria bietet qualitativ
überdurchschnittliche Regionalgerichte
wie Pasta mit Sardellen oder Artischocken, Gemüsetorte, Tintenfischnudeln,
Kaninchen mit Oliven usw., alles mit fri-
schen Zutaten – kein Wunder, die neue
Markthalle 1 ist nur wenige Schritte
entfernt.

Infos und Termine
Touristeninformation: IAT-Infobüro
vor dem Bahnhof, Tel. 01 87 71 89 97,
www.turismoprovincia.laspezia.it;
Il Parco Nazionale, im Bahnhof, Tel. 01
87 74 35 00.
Bahn: häufig durch die Cinque Terre
nach Levanto/Sestri Levante, etwa stdl.
nach Sarzana/Pisa und Parma; Intercity
nach Genua, Mailand und Turin sowie
nach Pisa und Rom.   ▷ S. 108

14 | Fünf Museen und ein Markt – Alltagsstadt La Spezia

Karte: ▶ L 5 | **Cityplan:** S. 105

La Spezia, die zweitgrößte Stadt Liguriens, wurde im 19. Jh. zu einem wichtigen Industrie- und Marinestandort. Das Stadtbild wird durch die Bauten der letzten 150 Jahre geprägt. Malerische Winkel und Riviera-Flair findet man hier kaum. Trotzdem ist La Spezia nicht ohne Reize.

Stärker als in den malerischen Küstenorten präsentiert sich hier italienischer Alltag – mit von Einheimischen besuchten Lokalen, vielen kleinen, preiswerten Geschäften, dem abendlichen Treffen auf der Flaniermeile der Via del Prione. Vormittags lohnt der Bummel über den lebendigen **Lebensmittelmarkt** 1 im Zentrum (s. Foto oben). Das Angebot an Fisch, frischem Obst und Gemüse ist beeindruckend. Aber vor allem ist La Spezia ein Ziel für Kunstinteressierte geworden. Die Exponate seiner fünf Museen spannen einen weiten künstleri-

schen Bogen von der Frühzeit bis zur Moderne.

Mäzen mit Weitsicht

Anfang 1996 schenkte der Industrielle Amedeo Lia seine reichhaltige Kunstsammlung – Schätzwert 50 Mio. Euro – der Stadt unter einer einzigen Auflage: Innerhalb nur eines Jahres musste sie angemessen präsentiert sein. Der 83-jährige Stifter wollte noch zu Lebzeiten durch sein Museum wandeln und er kannte die Langsamkeit italienischer Bürokratien. Aber die Stadt handelte! Schon Ende 1996 öffneten sich die Museumspforten eines eiligst restaurierten Franziskanerkonvents.

Das **Museo Civico Amedeo Lia** 1 zeigt interessante religiöse Kunst aus dem Mittelalter, vor allem liturgisches Gerät aus verschiedenen Materialien (Holz, Elfenbein, Emaille, Glas, Gold und Kupfer). Bemerkenswert sind die mit filigranen, leuchtend-farbigen

Bibelszenen geschmückten Mess- und Gesangbücher (14./15. Jh.). Die reiche Gemäldesammlung umfasst neben spätmittelalterlicher Goldgrundmalerei toskanischer Künstler (Simone Martini, Pietro Lorenzetti, Bicci di Lorenzo) auch venezianische Meisterwerke aus dem 16. Jh., u. a. Tizians Bildnis eines Edelmanns, Giovanni Bellinis Geburt Christi und eine Kreuzabnahme von Tintoretto. Ein jugendlicher hl. Martin wird Raphael zugeschrieben, von Lucas Cranach d. Ä. stammt das Bild der hl. Katherina von Alexandria.

Rätselhafte Steinfiguren

Treppen leiten von der Via del Prione hinauf zum **Castello di San Giorgio** 2 . Die genuesische Burg (14. Jh.) beherbergt das **Archäologiemuseum** der Stadt. Neben römischen Skulpturen und Mosaiken zeigt es 19 flache Steinfiguren aus der Kupfer- und Eisenzeit, die vor gut 100 Jahren im Magra-Fluss ausgegraben wurden. Die seltsamen, mehr als 3000 Jahre alten, mit einfachen Reliefs – Dolchen, Äxten, Ketten, Schmuck – verzierten ›Lunigiana-Stelen‹ strahlen unterschwellige Magie

aus. Ihre Bedeutung ist nach wie vor nicht vollständig entschlüsselt.

Alte Siegel, neue Kunst

Das originelle **Museo del Sigillo** 3 (Siegelmuseum) besitzt die weltweit größte Sammlung von Siegeln – insgesamt 1500 Exemplare, allesamt winzig klein. Zu sehen sind Objekte aus 6000 Jahren, das älteste stammt aus dem antiken Mesopotamien. Auch das Ägypten der Pharaonen, das alte Rom, Mittelalter und Renaissance sind vertreten. Das **Centro d'Arte Moderna** 4 führt in die Welt der modernen Malerei. Es zeigt Grafiken und Gemälde der Zeit nach 1950, u. a. von Uecker, Calder, Vasarely, Burri oder Soto. Auch bekannte Pop-Art-Künstler wie Warhol, Rauschenberg oder Lichtenstein sind vertreten. Sonderausstellungen widmen sich zeitgenössischer Kunst. Nahebei, im **Museo Tecnico Navale** 5 (Schifffahrtsmuseum), kann man Schiffsmodelle vieler Epochen und eine ungewöhnliche Sammlung fantasievoll geschnitzter Galionsfiguren besichtigen. Eher beklemmende Gefühle lösen die Torpedowaffen der beiden Weltkriege aus.

Infos und Öffnungszeiten

Internet: www.comune.sp.it (conoscerecitta)
Biglietto Cumulativo: 72 Std. gültige Sammeleintrittskarte für 12 €.
Museo Civico Amadeo Lia 1 : Di–So 10–18 Uhr, 7 €.
Museo del Castello 2 : Mi–Mo 9.30–12 Uhr, Mi–So von 14–17 (Winter) bzw. 17–20 Uhr (Sommer), 5,50 €.
Museo del Sigillo 3 : Mi/Do 16–19, Fr–So 10–12 u. 16–19 Uhr, 3,50 €.
Centro d'Arte Moderna 4 : Di–Sa 10–13, 15–19, So 11–19 Uhr, 6 €.
Museo Tecnico Navale 5 : Mo–Sa 8.30–19.30, So 8.30–20 Uhr, 1,55 €.

Im Archäologiemuseum des Castello di San Giorgio

Bus: Haupthalt an der Piazza Chiodo (Infoschalter). Halbstdl. nach Portovenere und Sarzana, noch häufiger ab Bahnhof (Via Fiume) nach Lerici; www.atclaspezia.it.

Schiff: im Sommerhalbjahr tgl. 3–6 x nach Portovenere und Lerici, www.navigazionegolfodeipoeti.com.

Palio del Golfo: 1. So im Aug., s. S. 20.

Sarzana ► L 5

Die freundliche Kleinstadt (20 000 Einw.) in der stark zersiedelten, landwirtschaftlich intensiv genutzten Mündungsebene des Magra-Flusses besitzt noch ein gut erhaltenes historisches Zentrum. Ein Bummel durch die Altstadt mit ihren kleinen Geschäften, Märkten, einladenden Restaurants und Cafés ist zu jeder Jahreszeit lohnend.

Santa Maria Assunta
Via Mazzini
Der Glockenturm, das gotische Stufenportal und das Rosenfenster der Kathedrale, die im 17. Jh. umgebaut wurde, stammen noch aus der Entstehungszeit

Sarzana ist ein Zentrum des **Antiquitätenhandels**. In der ersten Augusthälfte wird in der Altstadt die **Soffitta nella Strada** veranstaltet, einer der größten Antiquitätenmärkte Italiens. Für zwei Wochen füllen sich Straßen und Plätze mit den Ständen der Händler, es gibt viel zu sehen und zu kaufen: alte Möbel, alte Musikinstrumente, alte Radios und vieles andere mehr. Kleiner, aber ebenfalls reizvoll ist der **Trödel- und Antiquitätenmarkt** an jedem vierten Sonntag im Monat. Er findet ebenfalls in den Gassen des historischen Zentrums statt.

von 1300 bis 1474. Im Innenraum sind zwei filigrane Marmoraltäre von Leonardo Riccomanni (15. Jh.) und ein bemaltes Holzkreuz von 1138 bemerkenswert.

Fortezza di Sarzanello
Tgl. 10.30–12.30 sowie 15–17 (Sept–März), 16–18.30 (April–Juni), 17–19.30 Uhr (Juli/August), 3,50 €, www.fortezzadisarzanello.it
Die imposante Burganlage liegt aussichtsreich in den Hügeln über der Magra-Ebene. Mit ihren Bastionen und Laufgängen ist sie ein Musterbeispiel florentinischer Militärarchitektur des 15. Jh. Die Burg ist vom Zentrum in 30 Min. zu Fuß erreichbar.

Essen und Trinken
Raffiniert – **Taverna Napoleone:** Via Buonaparte 16, Tel. 01 87 62 79 74, Do–Di, Menü 35 €. Hier kommen hervorragende, originelle Gerichte auf den Tisch, z. B. Steinpilz- und Dinkelsuppe oder Entenbrust in Balsamico-Soße.
Süßes mit Tradition – **Pasticceria Gemmi:** Via Mazzini 25. Die Pasticceria ist eines der schönsten historischen Kaffeehäuser Liguriens: Man sitzt in den stilvoll eingerichteten Räumen eines ehemaligen Klosters, genießt guten Kuchen und viele andere süße Köstlichkeiten.

Einkaufen
Großer Wochenmarkt – Do vormittags in der **Altstadt** (Piazza Luni, Piazza Matteotti).

Infos
Touristeninformation IAT: Infokiosk auf der Piazza San Giorgio, Tel. 01 87 62 04 19.
Bahn: etwa stdl. nach La Spezia (15 Min. Fahrzeit) und Pisa.
Bus: halbstdl. über Lerici nach La Spezia.

Karte: ▶ L 5 und Karte 3, G/H 3-6

Portovenere – Tellaro

3 km

Vor den Toren von La Spezia beginnt bald wieder schöne Landschaft am Mittelmeer. ›Golf der Poeten‹ nennt sich die weit geöffnete Bucht. Anfang des 19. Jh., in den Zeiten der Romantik, hielten sich die englischen Dichter Byron, Shelley und Keats hier auf. In schwärmerischen Worten beschrieben sie die Schönheit der Küste mit ihren ursprünglichen Fischerorten.

An der Südwestecke der Bucht liegt der höchst pittoreske, uralte Hafenort Portovenere. Im Sommer gelangt man mit dem Boot von hier zur langen Strandbucht am östlichen Ufer, wo Lerici Riviera-Flair verströmt. Nahebei bietet das winzige Tellaro das malerische Bild

eines Fischerdorfs. Olivenhaine und mediterraner Wald bedecken die Hügel östlich des Golfs, die als Parco di Montemarcello unter Naturschutz stehen.

Hafen der Venus

In **Portovenere** 1 schwingt sich die Riviera nun nochmals zu ästhetischer Höchstform auf. Über dem Hafen mit seinen bunten Booten erstrahlen alte Häuserzeilen vielfarbig im Sonnenlicht, wuchtige Burgmauern überragen den eng gebauten Ortskern. Portovenere (4200 Einw.) ist einer der ältesten Orte der Riviera di Levante. Sein Name leitet sich vom römischen Portus Veneris (Hafen der Venus) ab. Unter der San-Pietro-Kirche fand man Ruinen eines wahrscheinlich der Liebesgöttin geweihten Tempels. Im Mittelalter war Portovene-

109

Die Cinque Terre und der Golf von La Spezia

Eines der schönsten Dörfer Italiens – Tellaro

re wichtige Grenzfeste der Seerepublik Genua. Mit wuchtigen Wehrmauern und geschlossener Ortsanlage schützte man sich gegen das feindliche Pisa. Heute leidet Portovenere unter Abwanderung, viele Häuser im Zentrum werden nur noch als Ferienwohnung genutzt.

Durch ein mittelalterliches Tor betritt man die von kleinen Läden gesäumte Hauptgasse Via Capellini. An ihrem Ende öffnet sich die Arpaia-Grotte mit der Gedenktafel für George Byron, der zum Erstaunen der Einheimischen gelegentlich durch den Golf nach Lerici schwamm. In der Nähe thront die Kirche **San Pietro** auf einem Felsvorsprung. Ihre Vorhalle stammt noch aus dem 6. Jh., das gotische Hauptschiff aus dem 13. Jh. Durch die Bögen einer Loggia blickt man auf schroffe Küstenfelsen. Die mehrfach umgebaute Kirche **San Lorenzo** oben im Ort entstand um 1130 im romanischen Stil, Glockenturm und Kuppel stammen aus der Renaissance. Das Fassadenrelief zeigt das Martyrium des hl. Laurentius, der im Feuer starb, der Innenraum ein Taufbecken (12. Jh.) und ein hoch verehrtes Pergamentbild der weißen Madonna (14. Jh.). Ein kurzer Anstieg führt zum gewaltigen genuesischen Kastell, das im 16./17. Jh. auf den Ruinen der Burg des Mittelalters errichtet wurde.

Auf der fast unbewohnten Insel **Palmaria** **2** vor Portovenere findet man an der Ostseite kleine Badestrände an der Westseite steile Felsabbrüche. Eine Rundwanderung (etwa 2–3 Std.) lohnt vor allem während der Macchiablüte im Frühsommer.

Unter Burgmauern

Auch die Kleinstadt **Lerici** **3** (10 800 Einw.) bietet ein hübsches Bild: Ein gewaltiges **Kastell** überragt die rot- und ockerfarbenen Fassaden am Hafen. Heute prägt der Ausflugstourismus die leicht mondäne Atmosphäre, aber Lerici ist zugleich noch ein richtiger Fischerort: Fangfrische Ware wird in der Halle am Hafenkai verkauft.

Die Größe des Kastells erklärt sich aus der Grenzlage zwischen den verfeindeten Seerepubliken Pisa und Genua. Nach ihrem Sieg in der Seeschlacht von Meloria (1284) übernahmen die Genuesen das Kastell und bauten es weiter aus. Im Burghof erhebt sich die gotische **Sant'Anastasia-Kapelle,** daneben befindet sich der Zugang zum **Museo Geo-Paleontologico.** Es zeigt Fossilien und Saurierskelette aus der Umgebung, außerdem originalgroße Nachbildungen von Sauriern. In der Sala di Simulazione Sismica werden Erdbeben sinnlich erlebbar.

Beim Ort beginnt eine weite Bucht mit guten Badestränden. Eine Promenade folgt dem Meerufer zu den bunten Häusern von **San Terenzo** 4 . Auf halber Strecke führt ein Weg hinauf zum kleinen Park der **Villa Marigone** 5 mit Marmorskulpturen und Golfpanorama.

Bilderbuchdorf am Meer

Der britische Schriftsteller D. H. Lawrence schätzte das Idyll von **Tellaro** 6 : »Ich bin so begeistert über den Ort, den wir endlich entdeckt haben … Eine winzig kleine, halb von Felsen eingeschlossene Bucht ist da, in Olivenhaine eingehüllt, die flink zu Tal tänzeln.« Der kompakte kleine Ort (600 Einw.) am Ende der Küstenstraße wirkt wie das Urbild eines Fischerdorfs. Bunte Häuser drängen sich auf einem Felsvorsprung über dem Meer, schmale Treppengassen führen hinunter zum Hafen, wo ein Kirchlein über rauschender Brandung steht.

Infos und Öffnungszeiten
Museo Geo-Paleontologico: Burg von Lerici, www.castellodilerici.it, März–Juni, Sept.–Okt. 10.30–17, Juli/Aug. 10.30–13.30 u. 17–21 Uhr, 6 €.

Übernachten
Genio 1 : Piazza Bastreri 8, Tel. 01 87 79 06 11, www.hotelgenioportovene re.it, DZ/ÜF 100–125 €. Kleines Hotel mit einfach-modern eingerichteten Zimmern am Stadttor von Portovenere.
Doria Park 2 : Via Doria 2, Lerici, Tel. 01 87 96 71 24, www.doriapark hotel.com, DZ/ÜF 115–180 €. Komfortables Haus mit Garten in Panoramalage über Lerici.

Einkehren
Osteria del Carugio 1 : Via Capellini 66, Portovenere, Tel. 01 87 79 06 17, Fr–Mi, Menü um 20 €. Gemütliche Weinstube mit kleinen Gerichten. Spezialitäten sind die Getreide-Kichererbsen-Suppe *(mesciüa)*, eingelegte Sardellen, Tintenfisch und gefüllte Muscheln.
Frantoio 2 : Via Cavour 21, Lerici, Tel. 01 87 96 41 74, Di–So, Menü um 35 €. Gehobenes Fischrestaurant in einer ehemaligen Ölmühle im alten Ortskern.

Anfahrt
Bus: von La Spezia häufig nach Portovenere und Lerici, von dort stdl. nach Tellaro.
Auto: Viele Staus auf den Anfahrtsstrecken und kaum Parkraum in den Orten an Wochenenden und in der Badesaison.
Schiff: April–Okt. mehrmals tgl. von La Spezia nach Portovenere und von dort nach Lerici; www.navigazione golfodeipoeti.com.

Wandern
Zwei sehr schöne Touren im Montemarcello-Naturpark sind im DuMont Wanderführer »Ligurien« beschrieben (s. S. 25).

Sprachführer Italienisch

Aussprachregeln

In der Regel wird Italienisch so gesprochen wie geschrieben. Treffen zwei Vokale aufeinander, so werden beide einzeln gesprochen (z. B. E-uropa). Die Betonung liegt bei den meisten Wörtern auf der vorletzten Silbe. Liegt sie auf der letzten Silbe, wird ein Akzent verwendet (z. B. città, caffè). Die weiteren Akzente, die hier verwendet werden, sollen lediglich die Aussprache erleichtern, finden sich aber nicht im geschriebenen Italienisch.

Konsonanten

c	vor a, o, u wie k, z. B. conto; vor e, i wie tsch, z. B. cinque
ch	wie k, z. B. chiuso
ci	vor a, o, u wie tsch, z. B. doccia
g	vor e, i wie dsch, z. B. Germania
gi	vor a, o, u wie dsch, z. B. spiaggia
gl	wie ll in Brillant, z. B. taglia
gn	wie gn in Kognak, z. B. bagno
h	wird nicht gesprochen
s	teils stimmhaft wie in Saal, z. B. museo; teils stimmlos wie in Haus, z. B. sinistra
sc	vor a, o, u wie sk, z. B. scusi; vor e, i wie sch, z. B. scelta
sch	wie sk, z. B. schiena
sci	vor a, o, u wie sch, z. B. scienza
v	wie w, z. B. venerdì
z	teils wie ds, z. B. zero; teils wie ts, z. B. zitto

Allgemeines

guten Morgen/Tag	buon giorno
guten Abend	buona sera
gute Nacht	buona notte
auf Wiedersehen	arrivederci
entschuldige(n Sie)	scusa (scusi)
hallo/grüß dich	ciao
bitte	prego/per favore
danke	grazie
ja/nein	sì/no
Wie bitte?	come?/prego?

Unterwegs

Haltestelle	fermata
Bus/Auto	autobus/mácchina
Ausfahrt/-gang	uscita
Tankstelle	stazione di servizio
rechts/links	a destra/a sinistra
geradeaus	diritto
Auskunft	informazione
Bahnhof/Flughafen	stazione/aeroporto
alle Richtungen	tutte le direzioni
Einbahnstraße	senso único
Eingang	entrata
geöffnet	aperto/-a
geschlossen	chiuso/-a
Kirche/Museum	chiesa/museo
Strand	spiaggia
Brücke	ponte
Platz	piazza/posto

Zeit

Stunde/Tag	ora/giorno
Woche	settimana
Monat	mese
Jahr	anno
heute/gestern	oggi/ieri
morgen	domani
morgens/abends	di mattina/di sera
mittags	a mezzogiorno
früh/spät	presto/tardi
Montag	lunedì
Dienstag	martedì
Mittwoch	mercoledì
Donnerstag	giovedì
Freitag	venerdì
Samstag	sábato
Sonntag	doménica

Notfall

Hilfe!	Soccorso!/Aiuto!
Polizei	polizía
Arzt	médico
Zahnarzt	dentista
Apotheke	farmacía
Krankenhaus	ospedale
Unfall	incidente
Schmerzen	dolori
Panne	guasto

Übernachten

Hotel	albergo
Pension	pensione
Einzelzimmer	camera singola
Doppelzimmer	camera doppia
mit/ohne Bad	con/senza bagno

Toilette	bagno, gabinetto	kaufen	comprare
Dusche	doccia	bezahlen	pagare
Handtuch	asciugamano		
mit Frühstück	con prima colazione	**Zahlen**	
Halbpension	mezza pensione	1 uno	17 diciassette
Gepäck	bagaglio	2 due	18 diciotto
Rechnung	conto	3 tre	19 diciannove
Quittung	ricevuta	4 quattro	20 venti
wecken	svegliare	5 cinque	21 ventuno
		6 sei	30 trenta
Einkaufen		7 sette	40 quaranta
Geschäft/Markt	negozio/mercato	8 otto	50 cinquanta
Kreditkarte	carta di crédito	9 nove	60 sessanta
Geld	soldi	10 dieci	70 settanta
Geldautomat	bancomat	11 ùndici	80 ottanta
Lebensmittel	alimentari	12 dòdici	90 novanta
teuer	costoso/-a	13 trédici	100 cento
billig	a buon mercato	14 quattordici	150 centocinquanta
bar	in contanti	15 quindici	200 duecento
Größe	taglia	16 sédici	1000 mille

Die wichtigsten Sätze

Allgemeines
Sprechen Sie … Deutsch/Englisch?   Parla … tedesco/inglese?
Ich verstehe nicht.   Non capisco.
Ich spreche kein Italienisch.   Non parlo italiano.
Ich heiße …   Mi chiamo …
Wie heißt Du/heißen Sie?   Come ti chiami/si chiama?
Wie geht es Dir/Ihnen?   Come stai/sta?
Danke, gut.   Grazie, bene.
Wie viel Uhr ist es?   Che ora è?

Unterwegs
Wie komme ich zu/nach …?   Come faccio ad arrivare a …?
Wo ist bitte …?   Scusi, dov'è …?
Könnten Sie mir bitte … zeigen?   Mi potrebbe indicare …, per favore?

Notfall
Können Sie mir bitte helfen?   Mi può aiutare, per favore?
Ich brauche einen Arzt.   Ho bisogno di un médico.
Hier tut es weh.   Mi fa male qui.

Übernachten
Haben Sie ein freies Zimmer?   C'è una cámera libera?
Wie viel kostet das Zimmer pro Nacht?   Quanto costa la cámera per notte?
Ich habe ein Zimmer bestellt.   Ho prenotato una cámera.

Einkaufen
Wie viel kostet …?   Quanto costa …?
Ich brauche …   Ho bisogno di …
Wann öffnet/schließt …?   Quando apre/chiude …?

Kulinarisches Lexikon

Antipasto	**Vorspeise**
acciughe salate	eingelegte Sardellen
affettati	verschiedene Würste und Schinken
bianchetti	kleine, meist mit Olivenöl und Zitrone angerichtete Sardinen
cappon magro	traditioneller Gemüseauflauf mit Fisch
farinata	Fladen aus Kichererbsenmehl
insalata di mare	Vorspeisenteller mit verschiedenen Muscheln und Meeresfrüchten
prosciutto e melone	Schinken mit Melone

Primo	**Erster Gang**
pansotti	mit Ricotta und Kräutern gefüllte Teigwaren
pasta	Nudeln …
… ai frutti di mare	mit Meeresfrüchten
… ai funghi	mit Pilzsoße
… ai muscoli	mit Muschelsoße
… ai porcini	mit Steinpilzen
… al burro e salvia	mit Butter-Salbei-Soße
… al nero di seppie	mit Tintenfischsoße
… al pomodoro	mit Tomatensoße
… al salmone	mit Lachssoße
… al sugo	mit Fleischsoße
… alla marinara/ alla pescatora	mit Meeresfrüchtesoße
… alla vongole	mit Muscheln
ciuppin	passierte Fischsuppe
mescüa/mesciua	dicke Suppe aus Getreide, Bohnen, Kichererbsen und Gemüse (Spezialität aus La Spezia)
pesto	grüne Soße aus Basilikum, Knoblauch, Olivenöl, Parmesan und Pinienkernen
ravioli, tortelli	gefüllte Teigwaren, meist mit Ricotta
	und Mangold oder Fleisch
ravioli di pesce	Ravioli mit Fischfüllung
salsa di noci	Walnuss-Soße, wird zu *pansotti* (s. o.) serviert
trenette	Bandnudeln
trofie	kurze Nudeln
zuppa	Suppe

Secondo	**Hauptgericht**
acciughe	Sardellen
agnello	Lamm
anatra (selvatica)	(Wild-) Ente
arista di maiale	Schweinebraten
arragosta	Languste
baccalà	Stockfisch
branzino	Seebarsch, stammt wie die *orata* (Goldbrasse) meist aus Zuchtanlagen
burrida di seppie	Tintenfischeintopf mit Kartoffeln und Erbsen
cima alla genovese	gefüllte Kalbsbrust (Genua)
cinghiale	Wildschwein
coniglio alla ligure	Kaninchen auf ligurische Art, geschmort mit Rotwein, Rosmarin, Salbei, Knoblauch, Tomaten, Oliven, Pinienkernen
faraona	Perlhuhn
gamberetti	Krabben
gamberi	Garnelen
manzo	Rind
moscardini	kleine Tintenfische
muscoli ripieni	mit Tomatensud und Kräutern gefüllte Muscheln
nasello	Seehecht
nodino di vitello	Kalbsnuss
orata	Goldbrasse
pesce spada	Schwertfisch
pollo	Huhn
salsicce	Schweinswürstchen

seppia	Tintenfisch
sarago	Brasse
sogliola	Seezunge
totano	Tintenfisch
triglia	Meerbarbe
vongole veraci	Venusmuscheln

Contorno	**Beilage**
bietole	Mangold
carciofi	Artischocken
funghi (porcini)	(Stein-)Pilze
insalata mista	gemischter Salat
insalata di pomodori	Tomatensalat
melanzane	Auberginen

Formaggio	**Käse**
caprino	Ziegenkäse
parmigiano	Parmesan
pecorino	Schafskäse

Dolce	**Dessert**
baci	Pralinen (›Küsse‹)
castagnaccio	Kastanienkuchen
macedonia di frutta	Obstsalat
panettone genovese	Hefekuchen mit Rosinen und Pinienkernen
semifreddo	Halbgefrorenes

Frutta	**Obst**
albicocche	Aprikosen
amarene	Sauerkirschen
anguria	Wassermelone
arancie	Orangen
castagne	Esskastanien

ciliege	Kirschen
fichi	Feigen
fragola	Erdbeere
lamponi	Himbeeren
limoni	Zitronen
mandaranci	Mandarinen
mandorle	Mandeln
mele	Äpfel
nocciole	Haselnüsse
noci	Walnüsse
pera	Birne
pesca	Pfirsich
prugne	Pflaumen
uva	Weintraube

Bevande	**Getränke**
acqua gassata	Mineralwasser mit Kohlensäure
acqua minerale	Mineralwasser
amaro	Magenbitter
caffè/espresso	Espresso
caffè corretto	Espresso mit Grappa
caffè latte	Milchkaffee
caffè lungo	Espresso, mit heißem Wasser gestreckt
grappa	Tresterschnaps
limoncello	Zitronenlikör
spremuta	frisch gepresster Orangensaft
succo (di mela, arancia, pompelmo)	(Apfel-, Orangen-, Grapefruit-)Saft
vino bianco/rosso	Weiß-/Rotwein
vino rosato	Roséwein
vino sfiuso	offener Wein

Im Restaurant

Ich möchte einen Tisch reservieren.   Vorrei prenotare un tàvolo.
Die Speisekarte, bitte.   Il menù, per favore.
Weinkarte   lista dei vini
Die Rechnung, bitte.   Il conto, per favore.
Tagesgericht   menù del giorno
Gedeck   coperto
Messer   coltello
Gabel   forchetta
Löffel   cucchiaio
Glas   bicchiere
Flasche   bottiglia
Salz/Pfeffer   sale/pepe
Zucker/Süßstoff   zúcchero/saccarina
Kellner/Kellnerin   cameriere/cameriera

Register

Register

Das Klima im Blick — atmosfair

Reisen bereichert und verbindet Menschen und Kulturen. Wer reist, erzeugt auch CO_2. Der Flugverkehr trägt mit einem Anteil von bis zu 10 % zur globalen Erwärmung bei. Wer das Klima schützen will, sollte sich für eine schonendere Reiseform (z. B. die Bahn) entscheiden – oder die Projekte von *atmosfair* unterstützen. *Atmosfair* ist eine gemeinnützige Klimaschutzorganisation. Die Idee: Flugpassagiere spenden einen kilometerabhängigen Beitrag für die von ihnen verursachten Emissionen und finanzieren damit Projekte in Entwicklungsländern, die dort den Ausstoß von Klimagasen verringern helfen. Dazu berechnet man mit dem Emissionsrechner auf *www.atmosfair.de,* wie viel CO_2 der Flug produziert und was es kostet, eine vergleichbare Menge Klimagase einzusparen (z. B. Berlin – London – Berlin 13 €). *Atmosfair* garantiert die sorgfältige Verwendung Ihres Beitrags. Klar – auch der DuMont Reiseverlag fliegt mit *atmosfair!*

grafischer Schwerpunkt die Riviera di Ponente, wo es ihm vor allem die wenig bekannten Berglandschaften im Hinterland angetan haben. Christoph Hennig hat fünf Jahre lang in den Cinque Terre gelebt und vor allem die Riviera di Levante bis in den letzten Winkel erkundet. Er hat zahlreiche Reiseführer über italienische Regionen geschrieben. Beide Autoren sind begeisterte Wanderer, gemeinsam haben sie auch den DuMont-Wanderführer zu Ligurien verfasst (s. S. 25).

Unterwegs mit Georg Henke und Christoph Hennig

Seit mehr als 30 Jahren bereist Georg Henke (li.) die Regionen Nordwest- und Mittelitaliens. In Ligurien ist sein geo-

Abbildungsnachweis

DuMont Bildarchiv, Ostfildern: S. 56 (Eid)
fotolia, Berlin: S. 61 (Pixelshop)
Georg Henke, Bremen: S. 46, 51, 53, 64, 99, 120 li.
Bildagentur Huber, Garmisch-Partenkirchen: S. 95 (Amantini); 110 (Brozzi); 67, 106, Umschlagrückseite (Carassale); 37 (Cellai); 4/5 (Da Ros); 9, 13, 32, 76, 89 (Gräfenhain); 78, 87 (Huber)
laif, Köln: S. 7, 28/29 (Celentano); Titel-

bild, Umschlagklappe vorn, S. 10, 17 (Steinhilber)
Franz Lerchenmüller, Lübeck: S. 120 re.
Mauritius, Mittenwald: S. 15, 40, 107 (CuboImages)
picture-alliance, Frankfurt: S. 68 (McPhoto/Weber)

Kartografie

DuMont Reisekartografie, Fürstenfeldbruck
© DuMont Reiseverlag, Ostfildern

Umschlagfotos

Titelbild: In den Gassen von Finalborgo, Provinz Savona
Umschlagklappe vorn: Blick auf Noli, Riviera delle Palme

Hinweis: Autoren und Verlag haben alle Informationen mit größtmöglicher Sorgfalt geprüft. Gleichwohl sind Fehler nicht vollständig auszuschließen. Alle Angaben erfolgen ohne Gewähr. Bitte schreiben Sie uns! Über Ihre Rückmeldung zum Buch und Verbesserungsvorschläge freuen sich Autoren und Verlag:
DuMont Reiseverlag, Postfach 3151, 73751 Ostfildern,
info@dumontreise.de, www.dumontreise.de

2., aktualisierte Auflage 2014
© DuMont Reiseverlag, Ostfildern
Alle Rechte vorbehalten
Redaktion/Lektorat: Anne Winterling, Sabine Zitzmann-Starz
Grafisches Konzept: Groschwitz/Blachnierek, Hamburg
Printed in China

FSC
www.fsc.org
100%
From well-managed forests
FSC® C021256